中国历代黑釉瓷器珍品

◎ 深圳博物馆
◎ 深圳市文物管理办公室　编
◎ 深圳市文物考古鉴定所

文物出版社

目 录

玄色之美

中国历代黑釉瓷器珍品

序 言

　　根据汉许慎《说文解字》的诠释，上古文献中的"玄色"一词，特指一种微微透红的黑色。屈原《楚辞》有"临湘沅之玄渊"，看来玄色会给人以幽深、玄远之感。

　　中国在商代就已生产出有青色釉层的硬质窑器，今人称"原始瓷"。约在东汉时代，陶工们利用黄黑色的黏土（含铁量较高的原料）与草木灰等混合便成功地烧出了微微泛黄或微微泛青的黑釉瓷器。汉魏六朝时期，浙江德清窑已是以生产黑釉瓷著名的窑场了。至此以后，中国南北诸窑几乎没有停烧过黑釉瓷，这可能有如下原因：黑釉瓷给人以幽深浑厚的美感；黑釉瓷烧造过程中不受焰型限制，又能遮盖坯体上因杂质而常常出现的瑕疵，因此成为南北各大窑场共同生产的瓷器品种。

　　尽管黑釉瓷在东汉以后的各朝代都有生产，但其黄金时段却在唐宋。唐人为使黑釉瓷丰富多彩，常常用一种灰蓝色的瓷釉挥洒在黑釉上，经高温烧成后，有的出现灵动的灰蓝色的斑块，有的如节日的焰火，有的竟似流星在夜空中留下的轨迹。

　　北宋耀州工匠绞尽脑汁，把瓷釉配方和窑室温度精密调节，使其坚硬的黑釉有如丝绢，形成一种极为柔和温润的光泽。同时代的建阳陶工悟出液相分离的原理，并延长窑室中的保温时间，使釉中铁的晶体发育良好，而出现如梦似幻的光泽，有的窑变如朝霞，有的如滴珠，有的如兔毫，因而得到当时帝王和文人们的喜爱。许多有研究的科学家都说，中国宋代黑釉瓷是用最古老的技术、最"现代"的科学原理烧造出来的。除建窑外，还有河南、山西一带的金、元黑瓷上的金银油滴与刻剔花纹，均有极高的艺术成就。南宋江西吉州工匠把黄褐色釉滴在黑瓷上制成的黑釉茶盏，有如玳瑁的甲壳，而盏内多色窑变釉下出现的黑色花纹可谓巧夺天工。然而，由于彩瓷的出现与社会审美情趣的变迁，吉州窑已是最后一个以生产黑釉而著称的窑场了。

元以后的中国窑场尽管只把黑釉用于民间日用瓷，但明清两代的帝王似乎没有把它忘记。景德镇永、宣御窑遗址上出土的黑釉炉与靶盏就是实证，而清康熙时的乌金釉也是一代名品。

著名的物理学家爱因斯坦说："在技艺达到一个出神入化的地步后，科学和艺术就可以很好地在美学、形象形式方面结合在一起。"因此，我们欣赏唐宋时代的黑釉瓷时，就能感到当时的工匠取得的成就，就像伟大的科学与艺术家取得的成就一样。

景德镇陶瓷考古研究所研究员　刘新园

鸿 蒙 初 开

汉魏六朝的黑釉瓷

　　黑釉瓷是以氧化铁为主要着色剂的高温釉瓷。自原始瓷诞生以来，窑工们已偶然利用含铁量较高的釉料，生产出了接近黑釉瓷的酱褐釉瓷。与东汉晚期真正青瓷出现的同时，浙江宁绍地区的黑釉瓷亦渐趋成熟。至东晋时，伴随着北方门阀大族的南迁和玄佛之风的兴盛，以浙江德清窑为代表的黑釉瓷工艺更趋完善，成为风行一时的瓷器品种。

　　北方黑釉瓷出现较晚。东魏、北齐始流行的黑釉陶器，以往多被误认为是北方早期黑釉瓷的重要实例。而北魏洛阳城、巩义白河窑出土的所谓北朝黑釉瓷，学界尚存争议，故北朝是否生产黑釉瓷仍是一个未解之谜。

● 001 黑釉盘口壶

　　东汉

　　高 30.2 厘米　口径 16 厘米　底径 16.2 厘米

　　高梧楼　藏

◉ 002 黑釉鸡首壶

　　东晋　德清窑
　　高 24.6 厘米　口径 9.2 厘米　底径 14.7 厘米
　　高梧楼　藏

◉ 003 黑釉唾壶

东晋　德清窑

高 10.7 厘米　口径 9.6 厘米　底径 10.6 厘米

高梧楼　藏

○ 004 酱釉唾壶

东晋　德清窑

高 8.3 厘米　口径 8.9 厘米　底径 9.8 厘米

高梧楼　藏

● 005 褐釉多足砚

南朝
高 7.1 厘米　口径 19.5 厘米　底径 25 厘米
高梧楼　藏

北齐杨子华《校书图》卷（宋摹本）

美国波士顿艺术博物馆　藏

• 006 黑釉碗

南朝 广东窑场

高 5.3 厘米 口径 7.8 厘米 底径 3.1 厘米

1985 年深圳西乡流塘村南朝墓出土

深圳博物馆 藏

● 007 黑釉盘口瓶（低温釉陶）

北朝

高 28 厘米　口径 11 厘米　底径 8.2 厘米

乐道堂捐赠

深圳博物馆　藏

◉ 008 花瓷瓶

唐
高 11.6 厘米　口径 3.8 厘米　底径 4.3 厘米
高梧楼　藏

◉ 009　花瓷花口胡瓶

唐

高 31.4 厘米　底径 8.6 厘米

红荳精舍　藏

● 011　花瓷双系瓶

唐

高 28.5 厘米　口径 9.2 厘米　底径 13.2 厘米

红茐精舍　藏

● 012 花瓷注子

唐

高 32.2 厘米　口径 12 厘米　底径 13 厘米

红荳精舍　藏

● 013 花瓷注子
唐
高 15.1 厘米　口径 7 厘米　底径 7.9 厘米
高梧楼　藏

⚬ 014　花瓷注子

　　唐
　　高 17.5 厘米　口径 7 厘米　底径 5.1 厘米
　　高梧楼　藏

● 015 花瓷罐

　　唐

　　高 23.8 厘米　口径 10.3 厘米　底径 9.8 厘米

　　乐道堂　藏

 016 花瓷罐

唐

高 29.1 厘米　口径 10 厘米　底径 8.8 厘米

暂得斋　藏

◉ 017 花瓷双系罐

唐

高 18.8 厘米　口径 8.8 厘米　底径 9.3 厘米

乐道堂　藏

◉ 018 花瓷罐

唐

高 18.2 厘米　口径 9.8 厘米　底径 8.7 厘米

红苴精舍　藏

◉ 019 花瓷盖罐

唐

通高21厘米　口径9.5厘米　底径8.8厘米

红荈精舍　藏

◉ 020 花瓷双系罐

唐

高 10.8 厘米　口径 13 厘米　底径 9.1 厘米

高梧楼　藏

● 021 花瓷三足盘

　　唐

　　高 4.4 厘米　口径 25.4 厘米

　　红荳精舍　藏

● 022 花瓷花口碗

　　五代
　　高 5 厘米　口径 13.6 厘米　底径 5.8 厘米
　　高梧楼　藏

023 黑釉盖罐

唐

高 14.4 厘米　口径 6.0 厘米　底径 5.9 厘米

乐道堂　藏

● 024 黑釉凤首壶

唐
高 38.5 厘米　口径 4.3 厘米　底径 14.1 厘米
红荳精舍　藏

◉ 025　黑釉葫芦瓶

　　唐

　　高 11.8 厘米　口径 2.6 厘米　底径 5.8 厘米

　　高梧楼　藏

● 026 黑釉注子

唐

高 9.2 厘米　口径 4.3 厘米　底径 4.8 厘米

高梧楼　藏

● 027 外茶叶末内白釉三足铛

　　唐　长安醴泉坊窑

　　高 3.5 厘米　口径 9 厘米

　　高梧楼　藏

● 028 外黑内白釉把杯

　唐　长安醴泉坊窑
　高 4.8 厘米　口径 8.1 厘米　底径 3.8 厘米
　高梧楼　藏

◉ 029 外黑内白釉钵

唐　长安醴泉坊窑

高 4.3 厘米　口径 10.2 厘米　底径 2.5 厘米

暂得斋　藏

◉ 030 外黑内白釉钵

　　唐　长安醴泉坊窑

　　高 3.3 厘米　口径 7.1 厘米　底径 2.1 厘米

　　暂得斋　藏

◉ 031 外茶叶末内白釉钵

    唐　长安醴泉坊窑

    高 5.3 厘米　口径 9 厘米　底径 1.7 厘米

    高梧楼　藏

● 032 黑釉瓜棱注子

唐　黄堡窑

高 19.8 厘米　口径 7 厘米　底径 7.2 厘米

1985 年陕西铜川黄堡窑窑址出土

深圳博物馆　藏

◉ 033 黑釉刻花填白彩注子

唐 黄堡窑

高 24.3 厘米 口径 7.9 厘米 底径 6.5 厘米

宝光艺术 藏

034 黑釉渣斗

唐　黄堡窑

高 10.7 厘米　口径 13.3 厘米　底径 8.5 厘米

暂得斋　藏

◉ 035 褐釉葵口碗

唐　黄堡窑

高 7.9 厘米　口径 16.2 厘米　底径 8.3 厘米

1987 年陕西铜川黄堡窑窑址出土

深圳博物馆　藏

◉ 036 黑釉盖盒

唐　黄堡窑
高 11.4 厘米　口径 12.7 厘米　底径 8.9 厘米
1984 年陕西铜川黄堡窑窑址出土
深圳博物馆　藏

◉ 037 黑釉如意头形瓷枕

唐　黄堡窑

高 17 厘米　口径 13.5 厘米　底径 9.7 厘米

1986 年陕西铜川黄堡窑窑址出土

深圳博物馆　藏

● 038 黑釉小瓶

唐

高 10.2 厘米　口径 4.5 厘米　底径 3.7 厘米

高梧楼　藏

◉ 039 黑釉模印贴花犬鸟纹罐

唐　黄堡窑
高 19.2 厘米　口径 10.7 厘米　底径 9.4 厘米
暂得斋　藏

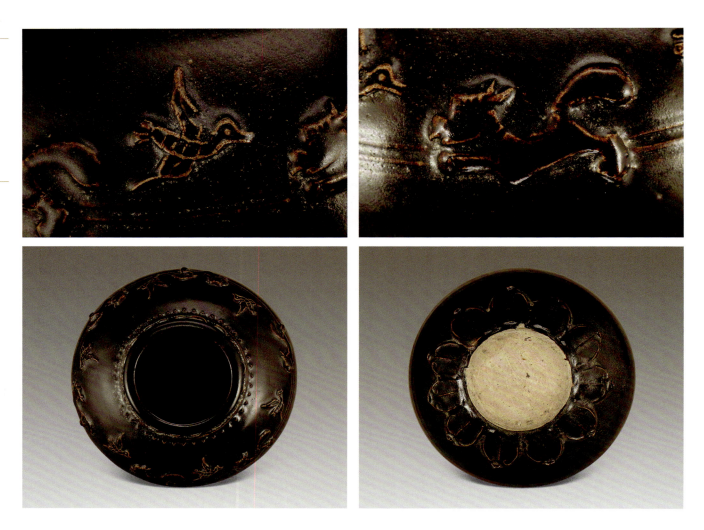

● 040 黑釉模印贴花蝴蝶纹双耳罐

唐　长沙窑

高 18.2 厘米　口径 12.6 厘米　底径 13.8 厘米

高梧楼　藏

● 041 黑釉瓜棱双系罐

唐

高 14.7 厘米　口径 4.8 厘米　底径 6 厘米

高梧楼　藏

⊙ 042 黑釉双系罐

　　唐
　　高 27 厘米　口径 21.4 厘米　底径 15.1 厘米
　　高梧楼　藏

盛世气象　隋唐五代的黑釉瓷

● 043 褐釉兽形砚滴
　　唐　长沙窑
　　高 7 厘米
　　高梧楼　藏

● 044 褐釉骑马人物塑像
　　唐　长沙窑
　　高 6 厘米
　　高梧楼　藏

◉ 045 褐釉鸟形塑像

唐　长沙窑

高 5 厘米

高梧楼　藏

◉ 046 褐釉鸟形砚滴
  唐　长沙窑
  高 7 厘米
  高梧楼　藏

◉ 047 褐釉鸟形砚滴
  唐　长沙窑
  高 7.2 厘米
  高梧楼　藏

⦿ 048 褐釉双鱼榼

唐　长沙窑
高 24.8 厘米　口径 6 厘米　底径 11.2 厘米
上海世华艺术馆　藏

● 049 黑釉剔填兽面纹枕

　　唐　寿州窑
　　高 6.3 厘米　长 15.8 厘米　宽 10.4 厘米
　　高梧楼　藏

各 擅 胜 场

宋辽金元的黑釉瓷

宋辽金元是黑釉瓷发展的黄金时期。两宋以来，饮茶之风的盛行及瓶装酒的普及，促使以茶酒之器为主流的黑釉瓷生产获得空前发展。黑釉瓷生产的格局，由此转入南北并重，各擅胜场的新局面，形成了黑釉瓷发展史上的第二个高峰。

北宋以来，皇室贵族、文人墨客与禅僧释子推崇以建安团茶进行点茶、分茶、斗茶游戏。因建盏色黑利于衬托茶汤之白，故而受到社会各阶层的一致追捧。受此影响，南北各大窑场也纷纷仿效建盏，北方定窑、磁州窑、耀州窑，山西诸窑均有仿烧。吉州窑受禅茶之风影响另辟蹊径，成为黑釉瓷装饰最为丰富的窑场。

宋代之前，沽酒多用升斗之类，入宋后则大量使用酒瓶。因黑釉酒瓶最适宜酒的保存，故两宋以来，造型各异和装饰多样的黑釉酒瓶便成为南北各大窑场的主流产品。

宋辽金元黑釉瓷的成就，一方面体现在科技与艺术的完美结合。如此时南北窑场中普遍流行的兔毫、油滴等品种，均是应用窑炉保温技术而达到的前所未见的装饰艺术效果；另一方面表现在对各类工艺的模仿与借鉴。如吉州窑的漏花、桑叶、剔犀、玳瑁等装饰就是对纺织缬染、漆器、天然材料肌理的模仿。而北方窑口的黑釉剔花装饰则明显来自金银工艺的影响。

"玄色之美—中国历代黑釉瓷器珍品展"中的茶亭场景（仿宋式建筑及家具：屏风、榻、茶桌、书桌）

建窑与宋代茶文化

　　建窑以今福建省建阳水吉镇为中心，北宋时以盛产黑釉茶盏而闻名于世，南宋达到了顶峰。两宋时期，建州茶叶地位提升，北苑所制龙团凤饼成为皇室贵族与上层士大夫、寺院禅僧的新宠，分茶、点茶为士林及禅院所推崇，"斗茶"也流行一时。建窑创烧出兔毫、鹧鸪斑、油滴、曜变等名贵茶盏能有效衬托白色茶汤，且胎厚保温，因此受到各阶层的广泛喜爱，茶书与诗词文学作品中歌咏较多。建窑还烧制了专供宫廷使用的黑盏，部分茶盏底部刻印有"供御"或"进盏"字样。

　　宋代黑釉建盏远销日本、高丽及东南亚诸国，是中外文化交流及贸易往来的重要见证，特别是对日本茶道产生了深远的影响，至今日本仍藏有奉为"国宝"的建窑曜变茶盏。

● 050 兔毫盏

北宋 建窑
高 4.5 厘米 口径 15 厘米 底径 4.2 厘米
高梧楼 藏

051 黑釉盏

北宋　建窑

高 4.9 厘米　口径 12.2 厘米　底径 3.8 厘米

江西婺源靖康二年（1127）张氏墓出土

婺源博物馆　藏

◉ 052 兔毫盏

南宋　建窑

高 5 厘米　口径 11.4 厘米　底径 3.3 厘米

高梧楼　藏

◉ 053 兔毫盏

　　北宋　建窑

　　高 5.4 厘米　口径 12.8 厘米　底径 3.5 厘米

　　高梧楼　藏

● 054 黑釉银扣兔毫盏

南宋　建窑
高 7.3 厘米　口径 12.5 厘米　底径 4 厘米
1979 年江西婺源嘉定四年（1211）汪赓妻程宝睦墓出土
婺源博物馆　藏

● 055 黑釉银毫盏

    南宋　建窑

    高 6.4 厘米　口径 12.1 厘米　底径 3.9 厘米

    高梧楼　藏

● 056 兔毫盏

北宋　建窑

高 5.5 厘米　口径 12.7 厘米　底径 4 厘米

高梧楼　藏

◉ 057 兔毫盏

南宋　建窑
高 8.9 厘米　口径 18.6 厘米　底径 5.3 厘米
高梧楼　藏

● 058　黑釉兔毫盏

　　南宋　建窑
　　高 5.6 厘米　口径 12.8 厘米　底径 3 厘米
　　高梧楼　藏

● **059 红兔毫盏**

南宋 建窑

高 6.1 厘米 口径 12.3 厘米 底径 4 厘米

高梧楼 藏

⦿ 060 红兔毫盏

南宋　建窑

高 7.1 厘米　口径 11.9 厘米　底径 4 厘米

红苒精舍　藏

● 061 金彩 "福山寿海" 黑釉盏

南宋　遇林亭窑

高 5.7 厘米　口径 11.4 厘米　底径 3.5 厘米

高梧楼　藏

◉ 062 红油滴碗

　　金　山西窑场

　　高 6.8 厘米　口径 13.3 厘米　底径 4.3 厘米

　　高梧楼　藏

● 063 红油滴碗

金　山西窑场

高 8.6 厘米　口径 16.3 厘米　底径 5.5 厘米

高梧楼　藏

◉ 064 红油滴碗

　　金　山西窑场

　　高 8.3 厘米　口径 15.3 厘米　底径 5 厘米

　　暂得斋　藏

◉ 065 银油滴盏

金　山西窑场

高 4 厘米　口径 11 厘米　底径 4.6 厘米

高梧楼　藏

● 066 银油滴盘

金

高 2.4 厘米　口径 15.3 厘米　底径 7.8 厘米

高梧楼　藏

● 067 银油滴碗

　　金　山西窑场
　　高 9 厘米　口径 15.2 厘米　底径 4.9 厘米
　　高梧楼　藏

● 068 红油滴盏

    金　山西窑场

    高 4 厘米　口径 11 厘米　底径 4.6 厘米

    高梧楼　藏

各擅胜场｜宋辽金元的黑釉瓷

● 069 油滴玉壶春瓶

元　山西窑场

高 26.9 厘米　口径 7.1 厘米　底径 9.1 厘米

暂得斋　藏

● 070 油滴玉壶春瓶

元　山西窑场

高 30.1 厘米　口径 8 厘米　底径 8.5 厘米

暂得斋　藏

● 071 红油滴盏与盏托

　金　山西窑场
盏：高 4.4 厘米　口径 7.8 厘米　底径 3.5 厘米
盏托：高 5 厘米　直径 13 厘米　底径 4.7 厘米
高梧楼　藏

◉ 072 红油滴盏与盏托

　　金　山西窑场
　　盏：高 4.2 厘米　口径 7.9 厘米　底径 3.1 厘米
　　盏托：高 5.3 厘米　直径 13.3 厘米　口径 5.4 厘米　底径 4.6 厘米
　　高梧楼　藏

● 073 红油滴盏与盏托

　金　山西窑场
　盏：高5厘米　口径8.3厘米　底径3厘米
　盏托：高5.3厘米　直径12.8厘米　底径5.2厘米
　高梧楼　藏

◉ **074 红油滴盏**

金　山西窑场

高 4.1 厘米　口径 8.9 厘米　底径 3.1 厘米

无住斋　藏

● 075 红油滴盏

金

高 4.2 厘米　口径 9.4 厘米　底径 3.1 厘米

高梧楼　藏

○ 076 红兔毫盏

金　山西窑场
高 4.5 厘米　口径 7.9 厘米　底径 3.1 厘米
高梧楼　藏

◎ 077 红油滴茶罐

元

高8厘米　口径6.4厘米　底径4.5厘米

暂得斋　藏

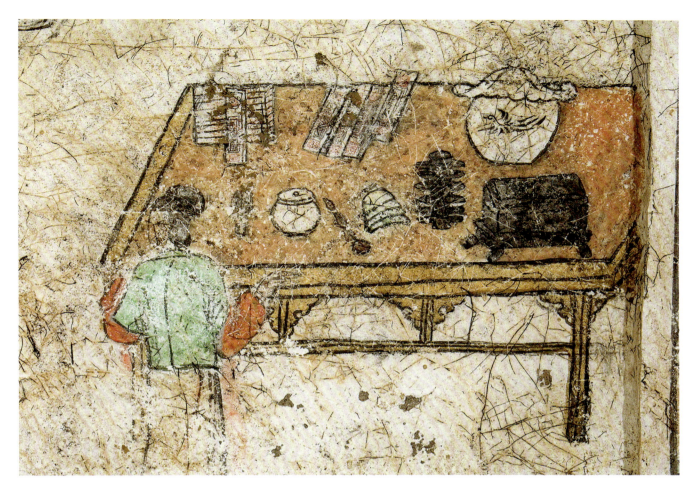

山西兴县红峪村元至大二年墓壁画备茶图

壁画中的茶罐

钧窑研究会展品

◉ 078 黑釉三足炉

　　南宋　赣州窑

　　高 6.3 厘米　口径 15.8 厘米

　　高梧楼　藏

079 黑釉三足炉

南宋　赣州窑

高 10.3 厘米　口径 10.6 厘米

高梧楼　藏

◉ 080 酱釉柳斗罐

南宋至元　赣州窑

高 8.1 厘米　口径 9.1 厘米　底径 4.1 厘米

高梧楼　藏

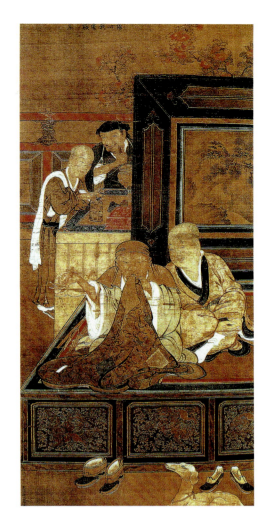

南宋刘松年《补纳图》

台北故宫博物院　藏

081 黑釉罐

南宋

高7厘米　口径6.8厘米　底径3.7厘米

高梧楼　藏

○ 082 黑釉小罐

　　南宋　吉州窑

　　高 6.8 厘米　口径 7.5 厘米　底径 4.3 厘米

　　高梧楼　藏

● 083 "湘阴"款黑釉盏

南宋
高 4.9 厘米　口径 11.6 厘米　底径 3.5 厘米
婺源博物馆　藏

○ 084 黑釉盏

北宋

高 5.5 厘米　口径 13.5 厘米　底径 3.7 厘米

暂得斋　藏

● 085 兔毫盏

北宋

高 4.5 厘米　口径 13.9 厘米　底径 3.3 厘米

高梧楼　藏

◉ 086 黑釉花口碗

宋

口径 12 厘米

乐道堂　藏

◉ 087 黑釉酱斑花口碗

　　北宋　耀州窑

　　高 6 厘米　口径 12.2 厘米　底径 4.6 厘米

　　高梧楼　藏

◉ 088 黑釉酱斑盏

北宋　耀州窑

高 3.7 厘米　口径 16.3 厘米　底径 4.4 厘米

无住斋　藏

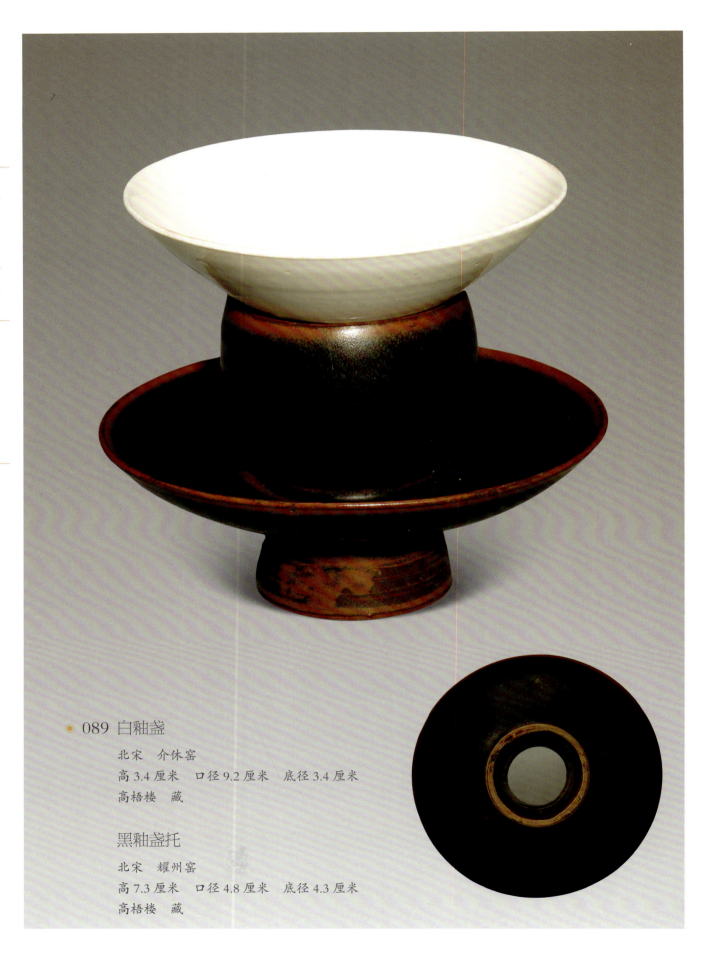

○ **089 白釉盏**

北宋　介休窑
高 3.4 厘米　口径 9.2 厘米　底径 3.4 厘米
高梧楼　藏

黑釉盏托

北宋　耀州窑
高 7.3 厘米　口径 4.8 厘米　底径 4.3 厘米
高梧楼　藏

（传）北宋赵佶《文会图》

台北故宫博物院　藏

● 090 黑釉酱斑盏与盏托

北宋　耀州窑

盏：高 6.2 厘米　口径 8.6 厘米　底径 3.8 厘米

盏托：高 3.3 厘米　口径 16.7 厘米　底径 4.2 厘米

高梧楼　藏

◉ 091 酱釉罐

北宋至金　耀州窑

高 11.3 厘米　口径 11.2 厘米　底径 7.3 厘米

高梧楼　藏

◉ 092 酱釉盖钵

北宋至金　耀州窑

通高 10.8 厘米　口径 10.5 厘米　底径 5.7 厘米

高梧楼　藏

◉ 093 黑釉荷叶盖罐

金

通高 13.8 厘米　口径 10 厘米　底径 5.7 厘米

暂得斋　藏

◉ **094 黑釉研磨器**

金

高 5.2 厘米　口径 15.1 厘米　底径 14.8 厘米

暂得斋　藏

● 095 黑釉剔花卷草纹罐

　　辽　浑源窑
　　高 37 厘米　口径 28.8 厘米　底径 14.8 厘米
　　宝光艺术　藏

各擅胜场 | 宋辽金元的黑釉瓷

○ 096 黑釉剔花卷草纹嘟噜瓶

　　金　大同青瓷窑
　　高 24 厘米　口径 5.4 厘米　底径 13.4 厘米
　　1955 年山西天镇县夏家沟居住遗址出土
　　山西博物院　藏

金　大同青瓷窑
高 32.9 厘米　口径 5.4 厘米　底径 12.4 厘米
红茧精舍　藏

⊙ **098 黑釉剔花填白卷草纹嘟噜瓶**

　　元　吕梁地区窑场
　　高 24.3 厘米　口径 3.9 厘米　底径 11.9 厘米
　　山西孝义市兑镇中学综合楼基建工地出土
　　山西博物院　藏

⊙ 099 褐釉剔花卷草纹嘟噜瓶

元　吕梁地区窑场

高 16.5 厘米　口径 3.9 厘米　底径 8.0 厘米

无住斋　藏

◉ 100 黑釉剔花缠枝花纹玉壶春瓶

元　吕梁地区窑场

高 24.7 厘米　口径 8.3 厘米　底径 7.4 厘米

暂得斋　藏

◉ 101 黑釉刻划莲荷纹梅瓶

　　元　山西窑场

　　高 32 厘米　口径 6 厘米　底径 11.5 厘米

　　高梧楼　藏

● 102 茶叶末釉剔花卷草纹梅瓶

元　吕梁地区窑场

高 33.4 厘米　口径 3.5 厘米　底径 8.5 厘米

1992 年山西汾阳市杏花村汾酒厂出土

山西博物院　藏

◉ **103 黑釉剔花卷草纹梅瓶**

元　吕梁地区窑场
高 41.7 厘米　口径 3.5 厘米　底径 10.3 厘米
宝光艺术　藏

● 104 黑釉剔划莲荷诗文罐

元　山西窑场

高 34.4 厘米　口径 12.1 厘米　底径 14.2 厘米

暂得斋　藏

105 黑釉刻划花卉纹梅瓶

金至元

高 30.9 厘米　口径 3.1 厘米　底径 10.7 厘米

暂得斋　藏

● **106 黑釉刻划莲纹梅瓶**

元　吕梁地区窑场

高 34.1 厘米　口径 3.2 厘米　底径 8.9 厘米

暂得斋　藏

107 酱釉罐

辽

高 15.5 厘米　口径 13 厘米　足径 9.4 厘米

1992 年内蒙古赤峰市阿鲁科尔沁旗会同五年（942）耶律羽之墓出土

内蒙古考古研究所　藏

◉ 108 酱釉罐

辽

高 14.5 厘米　口径 8.8 厘米　底径 7.2 厘米

1992 年内蒙古赤峰市阿鲁科尔沁旗会同五年（942）耶律羽之墓出土

内蒙古考古研究所　藏

⦿ 109 酱釉罐

辽

高 8.9 厘米　口径 5.7 厘米　底径 5.2 厘米

1992 年内蒙古赤峰市阿鲁科尔沁旗会同五年（942）耶律羽之墓出土

内蒙古考古研究所　藏

⊙ 110　黑釉弦纹梅瓶

北宋

高 46.4 厘米　口径 6.4 厘米　底径 9.8 厘米

暂得斋　藏

● 111 黑釉酱斑瓶

北宋　定窑

高 16 厘米　口径 10 厘米　腹径 12.6 厘米　底径 6.5 厘米

1981 年江西婺源靖康二年（1127）张氏墓出土

婺源博物馆　藏

◉ 112 黑釉漏花朵花纹瓶

北宋

高 18.9 厘米　口径 6 厘米　底径 7.7 厘米

高梧楼　藏

● 113 黑釉酱斑长瓶

北宋

高 45 厘米　口径 6.3 厘米　底径 9.4 厘米

高梧楼　藏

● 114 黑釉酱斑盖钵

北宋至金

高 8.3 厘米　口径 8 厘米　底径 4.9 厘米

高梧楼　藏

● 115 黑釉酱斑盖钵

　　北宋至金

　　高 13.1 厘米　口径 11.1 厘米　底径 6.5 厘米

　　高梧楼　藏

◉ 116 黑釉荷叶盖罐

宋

高 15.8 厘米　口径 8 厘米　底径 6.9 厘米

高梧楼　藏

● 117 黑釉酱彩花卉纹嘟噜瓶

　　元　吕梁地区窑场

　　高21厘米　口径4.4厘米　底径11.2厘米

　　深圳博物馆　藏

◉ 118 黑釉白覆轮香炉

北宋

高 14 厘米　口径 16.7 厘米　底径 9.2 厘米

高梧楼　藏

北宋赵光辅 《番王礼佛图》

美国克里夫兰美术馆　藏

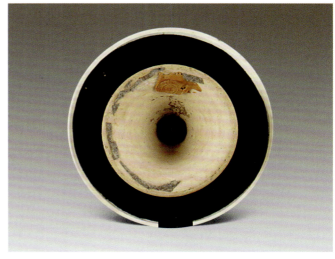

◉ 119 黑釉白覆轮碗

北宋

高 8.4 厘米　口径 18.1 厘米　底径 5.7 厘米

观叶楼　藏

120 黑釉白覆轮碗

北宋至金

高 3.8 厘米　口径 11 厘米　底径 3.4 厘米

高梧楼　藏

◉ 121 黑釉白覆轮高足杯

北宋至金

高 6.5 厘米　口径 10 厘米　底径 4.2 厘米

高梧楼　藏

122 黑釉白覆轮钵

北宋至金

高 7.3 厘米　口径 12.5 厘米　底径 7.2 厘米

高梧楼　藏

各
擅
胜
场

宋辽金元的黑釉瓷

◉ 123 黑釉白覆轮银斑碗

元

高 6.9 厘米　口径 16.1 厘米　底径 5.9 厘米

高梧楼　藏

◉ 124 黑釉出筋执壶

金

通高 14.5 厘米　口径 4.3 厘米　底径 8.7 厘米

上海世华艺术馆　藏

◉ **125 黑釉出筋执壶**

金
高 16.8 厘米　口径 4.3 厘米　底径 9.5 厘米
上海世华艺术馆 藏

● 126 黑釉出筋梅瓶

金

高 28.3 厘米　口径 5.7 厘米　底径 9.3 厘米

暂得斋　藏

◉ 127 黑釉出筋花口瓶

　　金
　　高 22 厘米　口径 9.5 厘米　底径 8 厘米
　　暂得斋　藏

◉ 128 黑釉出筋瓶

金
高 18.6 厘米　口径 8.6 厘米　底径 6.5 厘米
暂得斋　藏

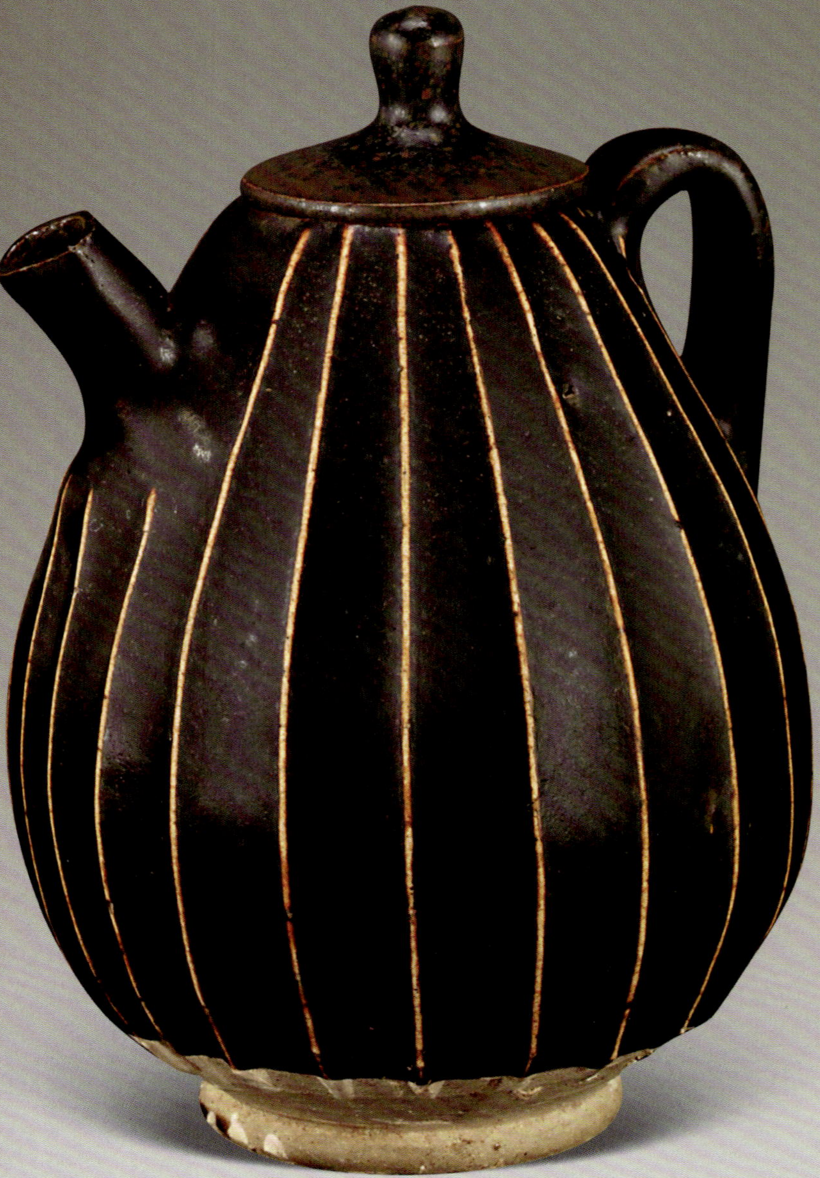

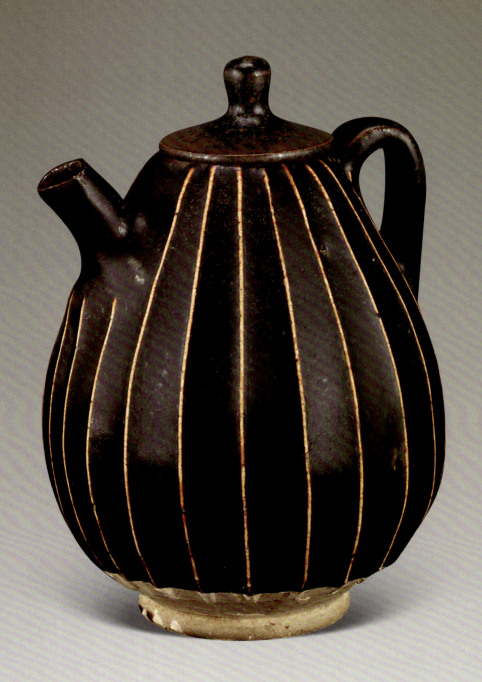

129 黑釉出筋执壶

金

高 14.7 厘米　口径 4 厘米　底径 5.3 厘米

宝光艺术　藏

◉ **130 黑釉出筋钵**

金

高 8.4 厘米　口径 12 厘米　底径 5.3 厘米

高梧楼　藏

● **131 黑釉出筋罐**

金
高 18.8 厘米　口径 12.2 厘米　底径 9.4 厘米
乐道堂捐赠
深圳博物馆　藏

◉ **132** 黑釉露胎刻花双系罐

北宋至金

高 10.9 厘米　口径 7.3 厘米　底径 5.4 厘米

高梧楼　藏

● 133 黑釉酱斑嘟噜瓶

　　元　　吕梁地区窑场
　　高 16 厘米　口径 4.6 厘米　底径 7 厘米
　　暂得斋　藏

● 134 黑釉酱斑罐

元　吕梁地区窑场
高 20.6 厘米　口径 17.8 厘米　底径 12.2 厘米
高梧楼　藏

● 135 黑釉酱斑梅瓶

　　元　吕梁地区窑场
　　高 34.5 厘米　口径 3.5 厘米　底径 10.1 厘米
　　宝光艺术　藏

136 黑釉酱彩鸟形花嘟噜瓶

元　吕梁地区窑场

高 19.1 厘米　口径 3.9 厘米　底径 9.8 厘米

宝光艺术　藏

◉ 137 黑釉银彩鸟形花嘟噜瓶

元　吕梁地区窑场
高 19.9 厘米　口径 3.6 厘米　底径 13 厘米
高梧楼　藏

◉ 138 褐釉酱彩花卉纹玉壶春瓶

　　元　吕梁地区窑场
　　高 30.1 厘米　口径 7.3 厘米　底径 8.3 厘米
　　暂得斋　藏

山西兴县红峪村元至大二年墓壁画备酒图

139 黑釉轴头等一组（同出于黄褐釉糊斗内）

元

罐高 10.5 厘米　口径 8.8 厘米　底径 8 厘米

景德镇西郊官庄村元代居住遗址出土

景德镇陶瓷考古研究所　藏

玄 色 余 韵

明清时期的黑釉瓷

　　入明后，北方黑釉瓷的生产工艺、产品质量总体趋向衰落，但仍有大量生产。山西、河南禹州、河北彭城、陕西澄城均是明代北方黑釉瓷的重要产地。在明代黑釉瓷中，还有一类模印"内府"铭文的黑釉罐，有可能是明代宫廷内府酒醋面局或御酒房的盛用器物，但其具体产地不明。地处南方的景德镇，明清两代仍有少量黑釉瓷生产。明代御窑厂遗址曾出土少量永乐、宣德时期黑釉瓷。清代康熙年间，景德镇开始流行以氧化铁中混以锰与钴为呈色剂的乌金釉，成为黑釉瓷历史长河中的最后一抹亮色。

● 140 黑釉靶盏

明　永乐

高 10.6 厘米　口径 15.9 厘米　底径 4.2 厘米

景德镇明御窑厂遗址出土

景德镇陶瓷考古研究所　藏

⊙ 141 黑釉双耳三足炉

　明　永乐
　高 11.6 厘米　口径 12.6 厘米
　景德镇明御窑厂遗址出土
　景德镇陶瓷考古研究所　藏

142 黑釉四方盖盒

明 永乐

高 7.1 厘米 宽 7.2 厘米

景德镇明御窑厂遗址出土

景德镇陶瓷考古研究所 藏

● 143 黑釉梅瓶

明

高 26 厘米　口径 4.4 厘米　底径 8.4 厘米

深圳博物馆　藏

● **144 乌金釉笔筒**

　　清　康熙
　　高 12.8 厘米　口径 10.5 厘米　底径 10.6 厘米
　　广东省博物馆　藏

● 145 乌金釉长颈瓶

　　清　康熙
　　高8厘米　口径1.6厘米　底径2.3厘米
　　广东省博物馆　藏

对中国古代黑釉瓷若干问题的探索

郭学雷　深圳博物馆

黑釉瓷是我国古代瓷器中的大宗产品，其生产历史悠久，产地分布广泛，烧造品类丰富，制作工艺独特，与古代社会生活关系十分密切，蕴含着极其丰富的历史文化信息，具有很高的科技与艺术成就，在中国陶瓷史中占有非常重要的地位。以往已有不少中外专家学者，在黑釉瓷研究领域取得诸多重要学术成果，使我们对中国古代黑釉瓷的发展脉络、主要成就及相关社会生活等有了一定程度的了解，但仍有许多重要问题尚待厘清、解决。

有鉴于此，本文拟就笔者近年所关注的，诸如黑釉瓷的早期历史，唐宋时期黑釉瓷发展的特点与主要成就，西夏黑釉瓷的工艺来源，山西黑釉剔花瓷器的产地、年代等问题，作一初步探索。

一　黑釉瓷的早期历史

1. 东汉黑釉瓷产生的原因

以浙江德清为中心的东苕溪流域，是我国瓷器的重要发源地之一。早在西周时，该地窑工偶然以当地含铁量较高的黏土配制的釉料，生产出了一种接近黑釉瓷的酱褐釉瓷（图1）[1]。

与东汉晚期真正青瓷出现的同时，浙江宁绍地区的黑釉瓷亦趋成熟。窑址发掘实物资料表明，此时的黑釉瓷与青瓷同窑烧成，显然已是一种有意而为之的成熟产品[2]。已有日本学者关注到，东汉黑釉瓷的出现，或许与同时期漆器工艺有一定关联（图2）[3]。汉代流行以黑色为主基调的漆器，某些陶器、青铜器表面也髹以黑漆为饰。作为漆器、青铜器的替代品，新兴的瓷器最直接的模仿对象就是漆器等制品，这就促使窑工在已有经验的基础上，有意识地利用含铁量更高的釉料，烧造出外观与黑色漆器相近的产品。这可能就是黑釉瓷产生的真正原因。

2. 东晋黑釉瓷风行的历史背景

东晋时，以浙江德清窑为代表的黑釉瓷工艺更趋完善，并首次成为

图1. 上：西周黑褐釉原始瓷盉
　　　　浙江德清西周独昌山土墩墓出土
　　下：西周黑褐釉原始瓷残片
　　　　浙江德清火烧山窑址出土

图2. 上：汉代黑釉盘口壶　高梧楼藏
　　下：西汉漆衣黑陶

图 3. 上: 黑釉鸡首壶 东晋兴宁二年墓出土
下: 青瓷褐彩 "吾有心" 款鸡首壶
深圳玺宝楼青瓷博物馆藏

图 4. 左: 青黑两色釉熏炉 深圳玺宝楼青瓷博物馆藏
右: 青瓷、黑瓷碗合烧残件 浙江德清东晋小马山窑址出土

1. 浙江德清博物馆 朱建明编著《探索中国瓷之源: 德清窑》, 西泠印社出版社, 2009 年。
2. 朱伯谦、林士民《我国黑瓷的起源及其影响》,《考古》1983 年 12 期。
3. 日本学者早已关注到东汉黑瓷与同时期漆衣黑陶及磨光黑陶的关系。参见西田宏子、佐藤アラ编著《天目》,《中国の陶磁》全 12 卷, 第 6 卷, 平凡社, 1999 年。
4. 汤用彤《汉魏两晋南北朝佛教史》, 武汉大学出版社, 2008 年。见第七章《两晋之际名僧与名士》。
5. 佘彦芬《东晋佛教对玄学的影响》,《新学术》, 2008 年 6 期。
6. 《晋书·王羲之传》载: "会稽有佳山水, 名士多居之。谢安未仕时亦居焉。孙绰、李充、许询、支遁等皆以文义冠世, 并筑室东土, 与羲之同好。"
7. 见僧肇《答刘遗民书》。另僧肇《不真空论》曰: "是以圣人乘真心而理顺, 则无滞而不通, 审一气以观化, 故所遇而顺适。"
8. "玄",《说文解字》释为: "幽远也, 黑而赤色者为玄。"王弼在《老子指略》中说: "'玄'也者, 取乎幽冥之所出也。"

江南地区风行一时的瓷器品种。这背后的历史原因, 似应与永嘉南渡之后, 中国思想史上的一次重大变革密切相关。理据如下:

首先, 永嘉南渡后的东晋之世, 是援玄入佛, 佛教中国化的重要阶段, 也是中国思想史上的一次重大变革时期。此时, 淄门释徒参与清谈, 文人士子攀缘佛教, 构成了东晋特有的文化景观[4]。因佛教这一新因素的介入, 东晋玄虚谈风达至极盛, 形成了玄学清谈 "江左称盛" 的局面[5], 从而广泛而深刻地影响了当时人们的精神文化生活。临近杭州、会稽的德清窑所处之地, 正是东晋玄佛之风兴盛之地[6], 其瓷业生产极易受到玄佛文化的影响。

其次, 深圳玺宝楼青瓷博物馆在杭州征集的一件青瓷鸡首壶, 即是东晋陶瓷受当时玄佛文化影响的一个典型例证 (图 3)。该壶腹部褐彩所书 "吾有心" 三字, 即源自东晋名僧僧肇 (384 ~ 414) "闻圣有知, 谓之有心。闻圣无知, 谓等太虚" 的 "圣心" 心学立场[7]。值得注意的是, 该壶腹部的题字, 正是用烧制黑釉瓷的釉料书写。

第三, 这场变革, 还直接影响了人们的社会审美取向。东晋风行一时的幽深冥渺的 "玄色"[8] 黑釉瓷, 与东晋始风行佛门的紫而浅黑的 "缁衣" 一样[9], 最能契合东晋玄佛盛行背景下, 文人释子对 "虚静"、"空"、"无" 的审美追求。

此外, 值得注意的是, 受东晋窑场中青瓷、黑釉瓷同窑烧造的启发, 东晋首次出现同一器物上以青釉和黑釉两种色釉装饰的新品种, 开创了以多种色釉装饰瓷器之先河 (图 4)。

3. 北方黑釉瓷的创烧年代

《中国陶瓷史》一书，根据河北赞皇东魏武定二年（544）李希宗墓发现的一块黑釉瓷片，及河北平山北齐天统二年（566）崔昂墓出土的黑褐釉四系缸（图5），认为北朝时已有黑釉瓷生产了[10]。此类所谓的北朝黑褐釉瓷，在河北景县东魏天平四年（537）高雅墓（图6）[11]、山东高塘东魏兴和三年（541）房悦墓[12]、河北磁县东陈村东魏武定五年（547）尧赵氏胡仁墓[13]也有发现。不过，经对大量实物观察发现，此类器物胎多为砖红、土黄等色，釉面具有明显铅釉质感，支烧工艺沿用汉代低温釉陶流行的满釉支烧法（图6、7），明显具有低温釉陶的特质。经深圳博物馆专业人员对此类黑褐釉瓷器的检测，结果显示釉中含铅量高达30%以上，证实此类北朝黑褐釉制品确为低温铅釉陶制品。不过，北朝低温黑褐釉陶的流行，或许正是促使北方黑釉瓷创烧的一个诱因。

另有一批所谓的"北朝黑釉瓷"，出自北魏洛阳城及巩义白河窑。

1985年，中国社会科学院考古研究所对北魏洛阳西廓城内"大市"遗址的发掘，出土一批瓷器和釉陶器，其中有数件黑釉瓷（图8）[14]。2005～2006年，对北魏洛阳内城津阳门内大道的发掘，又发现少量黑褐釉瓷（图9）[15]。发掘者经过对遗物与地层关系的考察，将上述黑釉瓷认定为北朝晚期遗存。

2005～2008年，河南省文物考古研究所与中国文化遗产研究院合作，对巩义白河窑进行了发掘，发现少量与北魏洛阳城出土黑釉瓷面貌相同的产品（图10），其年代更被提早至北魏[16]。

白河窑的发掘，解决了北魏洛阳城出土黑釉瓷的窑口问题。至于将上述黑釉瓷认定为北朝晚期或北魏遗存，目前尚无任何直接证据。北魏孝武帝永熙三年（534），东、西魏分立，洛阳成了诸强必争之地。连年的战争，使洛阳城沦为废墟。此后，洛阳城在北周宣帝时期又经过了大规模的营建洛阳宫、修复旧都活动。隋立国二十余年后的公元605年，隋炀帝才另辟新址建成东京城。自此，历史上盛极一时的汉魏洛阳城，才失去了它昔日悠久的正统地位[17]。据此，不排除该城址出土黑釉瓷年代晚至隋代初年的可能。日本学者森达也指出，偃师土地局发现的隋墓所出一件盘口瓶，与北魏洛阳城所出黑釉瓷一样，装饰同样技法的弦纹，据此推断北魏洛阳城出土的黑釉瓷很可能是隋代制品[18]。日本收藏的一件黑釉盘口瓶（图11中），也装饰类似北魏洛阳城所出黑釉瓷上的剔刻弦纹（图8、9），其造型特点与安阳隋墓出土青釉盘口瓶完全一致（图

图5. 北齐黑褐釉四系缸
北齐天统二年崔昂墓出土

9. 据宋赞宁《大宋僧史略》卷上引《考工记》云："问：缁衣者色何状貌？答：紫而浅黑，非正色也。"可知，"缁"与"玄"的"黑而赤色"含义是相近的。唐沈亚之《送洪逊师序》："自佛行中国以来，国人为缁衣之学多，几与儒等。"
南朝·宋时，孔凯称慧琳为"黑衣宰相"。
齐初，荆州竹林寺僧慧与玄畅被称为"黑衣二杰"。
10. 中国硅酸盐学会主编《中国陶瓷史》，第168页，文物出版社，1982年。
11. 河北省文管处《河北景县北魏高氏墓发掘简报》，《文物》，1979年3期。
12. 山东省博物馆文物组《山东高唐东魏房悦墓清理纪要》，文物编辑委员会编《文物资料丛刊》2，第105～109页，文物出版社，1978年。
13. 磁县文化馆《河北磁县东魏墓陶俑及酱褐釉瓷器》，《考古》1977年6期。
14. 中国社会科学院考古研究所洛阳汉魏故城队《北魏洛阳城内出土的瓷器与釉陶器》，《考古》1991年12期。
15. 中国社会科学院考古研究所洛阳汉魏故城队《河南洛阳市北魏洛阳城津阳门内大道遗址发掘简报》，《考古》2009年10期。
16. 河南省文物考古研究所、中国文化遗产研究院、日本奈良文化财研究所《巩义白河窑考古新发现》，大象出版社，2009年。
17. 钱国祥《汉魏洛阳故城沿革与形制演变初探》。见中国社会科学院考古研究所编著《21世纪中国考古学与世界考古学——纪念中国社会科学院考古研究所成立50周年大会暨21世纪中

专论

中国历代黑釉瓷器珍品

图 6. 左：黑釉碗　河北景县东魏天平四年　高雅墓出土　　右：北朝褐釉碗　日本藏

图 8. 北魏洛阳西廓城内的"大市"遗址出土黑釉瓷钵、碗

图 9. 北魏洛阳内城津阳门内大道出土黑褐釉瓷碗

图 7. 北朝黑釉弦纹盘口瓶
　　深圳博物馆藏
　　乐道堂捐赠

国考古学与世界考古学国际学术研讨
会论文集》，中国社会科学出版社，
2002 年。

18. 日本爱知县陶瓷资料馆 森达也《白
釉陶与白瓷的出现年代》，见中国古
陶瓷学会编《中国古陶瓷研究》，第
十五辑，紫禁城出版社，2009 年。

图 10. 巩义白河窑出土黑釉、茶叶末釉碗、钵残器

19. 河北省邢台市文物管理处编著，石从枝、李军、李恩玮、王睿主编《邢台隋代邢窑》，科学出版社，2006年。

20. 唐金裕《西安西郊隋李静训墓发掘简报》，《考古》1959年9期。

21. 朱伯谦、林士民《我国黑瓷的起源及其影响》，《考古》1983年12期。
在唐代，越窑系统烧黑瓷的窑，已发现的有鄞县横山、慈溪县上林湖施家斗、宁波市英雄水库和象山县黄避岙等。

22. 南卓《羯鼓录》原载《唐书·艺文志·乐类》。段安节《乐府杂录》称南卓作《羯鼓录》，亦与《唐志》合。

23. 典瑞宇、娄金山《介绍两件馆藏唐代花釉瓷器》，《中国古陶瓷研究》第七辑，紫禁城出版社，2001年。

24. 中国社会科学院考古研究所编著《偃师杏园唐墓》，科学出版社，2001年。

图11. 左：青釉盘口瓶　安阳隋墓出土
中：黑釉剔刻弦纹盘口瓶　日本藏
右：青黄釉瓶残器　河南巩义窑出土

11左）。而且，根据安阳隋墓出土的这件青釉盘口瓶可知，巩义窑出土的一件青黄釉盘口瓶残器的生产年代也应在隋代，而并非发掘者认定的北魏时期（图11右）。

目前，北方可确认的早期黑釉瓷，以河北邢窑发现的隋代遗存最为重要。1997年，河北邢台桥东区顺德路发掘一处隋代窑址，出土一批隋代黑釉瓷。这批黑釉瓷釉色普遍黑中泛酱黄色或酱绿色，釉面光洁，器外多施釉不到底，底部露胎处往往有水石红现象。造型有碗、钵、杯、盘口双系瓶、长颈瓶、水盂、三系罐、钵口瓶、高足尖顶桃形器等[19]。碗分深腹、浅腹两种，均为内凹饼足，足缘斜削一周。碗心多有三叉形支具的支烧痕。盘口双系瓶，小盘口、细颈，肩部贴附双泥条系，椭圆腹，下腹内收，足外撇。相同造型见于西安隋大业四年李静训墓所出青釉制品（图12）[20]。长颈瓶，喇叭口，细长颈，丰肩，饼足，亦为隋代流行之器。邢台窑的黑釉瓷数量仅次于白瓷，工艺成熟、品类丰富、年代确凿，说明隋代北方黑釉瓷作为一个新兴的瓷器品种已开始大量生产。

二　唐代黑釉瓷的大发展

唐代，政府采取了一系列有利于社会经济发展的新措施。特别是玄宗时，朝廷广泛推行"和市"及"以资代役"等措施，对民营手工业的发展、商业的繁荣起到了重要的推动作用。加之当时陆地和海上交通发达，中西文化交流频繁，佛教盛行，为唐代瓷业生产注入了多元文化的因素。在此背景下，唐代黑釉瓷生产发展迅猛，形成了黑釉瓷发展史上

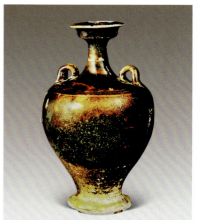

图12. 上：黑褐釉盘口双系瓶
河北邢台桥东区顺德路
隋代窑址出土
下：青釉盘口双系瓶
西安隋大业四年李静训墓出土

图 13. 花瓷荷叶形三足洗 鲁山窑遗址出土

图 14. 花瓷双系罐
河南偃师杏园唐贞元八年郑夫人墓出土

图 15. 上：黄堡窑黑釉刻花填白彩执壶
深圳宝光艺术藏
下：黑釉刻花填白彩执壶残器
1972 年黄堡窑遗址出土

的第一个高峰。具体表现在以下几个方面：

1. 生产重心由南方转移至北方，产量和生产地域急剧扩大

伴随着唐代政治、经济、文化中心的确立，黑釉瓷生产重心由南方转移至北方。目前，在北方地区的河南巩义、郏县、鲁山、内乡大窑店、禹州小白峪、密县、安阳、鹤壁，河北邢窑，陕西铜川黄堡窑、西安唐长安醴泉坊窑，山西浑源古瓷窑、交城窑，山东淄博等地都发现了唐代烧黑釉瓷的窑址，其中以河南最多。从已发掘的唐代黄堡窑来看，该窑以黑釉瓷为大宗，是目前已知唐代黑釉瓷产量最大、装饰最丰富的窑场。不过，在南方，擅长烧造青瓷的越窑[21]、以外销著称的长沙窑及以黄釉瓷见长的寿州窑，也有少量黑釉瓷生产。

2. 开启了黑釉瓷装饰凝重豪放、丰富多变的新风尚

唐代黑釉瓷一改以往单一沉稳的格调，装饰手法丰富多变，风格大胆泼辣，蕴涵了唐代开放包容的时代精神。最具代表性的是唐代流行的花瓷。该品种的瓷器，在黑色等釉面上施以天蓝或月白釉彩，或任意挥洒，或规则排列，或自然流淌，颇能体现唐人凝重豪放的审美意趣。

关于花瓷流行的时间，根据唐人南卓唐宣宗大中二年（848）所撰《羯鼓录》"不是青州石末，即是鲁山花瓷"的记载，可作大略推断[22]。该段记述是唐玄宗李隆基与宰相宋璟讨论鼓事时说的一段话。宋璟死于开元二十五年（737），故知至迟在开元年间，鲁山花瓷腰鼓已成为开元盛世间风行一时的瓷器名品。河南平顶山郊区北渡乡苗侯村唐天宝四年（745）朔方郡朔方县令墓，出土一件黑釉蓝斑八瓣荷叶口三足洗[23]，也证实花瓷为唐玄宗时流行产品。从鲁山窑遗址中发现的同类造型的残器可知（图 13），上述花瓷三足洗，当是鲁山窑所产。另从河南偃师杏园唐贞元八年（792）郑夫人墓（M2845）出土的一件花瓷双耳罐可知（图 14）[24]，花瓷在德宗时仍有生产。

花瓷之外，唐代黑釉瓷还有其他一些装饰品种。如宝光艺术收藏的黑釉刻花填白彩执壶，其腹部的刻花填白彩，花纹刀锋犀利，剔刻较深，是黄堡窑独有的装饰（图 15）。其装饰手法是，在已施过黑釉的器表刻划花纹，然后将白彩填绘于刻好的纹样内，烧成后形成黑白分明的效果。又如，模印贴花装饰，则是唐代黄堡窑（图 16）、长沙窑黑釉瓷器擅长的技法（见本书 58 页），贴花因黑釉的垂流而自然显露，形成黑白

对比的反差，打破了单一黑釉沉闷的格调。此外，南方的寿州窑则以漏花（图17）、剔填技法另辟蹊径。如高梧楼藏寿州窑黑釉剔填寿面纹枕，工艺复杂考究，是唐代南方黑釉瓷中的名品（图18）。

此外，唐代黄堡窑、巩义窑、长安醴泉坊窑等窑场新出现茶叶末釉品种。如高梧楼藏长安醴泉坊窑茶叶末釉三足铛、钵（见本书44、48页），即为唐代茶叶末釉中的精品。唐代茶叶末釉的发明，与黑釉瓷器的烧成技术有关。因茶叶末釉的烧成，最初为烧黑釉瓷过火而偶然出现的结晶釉品种，故知茶叶末釉品种的流行，标志着唐代对结晶釉烧成的技术已驾轻就熟。

3. 花瓷高温装饰釉彩技术获得新突破

关于花瓷装饰的渊源，似与北朝以来低温釉陶的釉上彩斑装饰有一定承袭关系。如高梧楼藏花瓷瓶，其造型和斑彩装饰技法，与北齐范粹墓出土黄釉彩斑瓶颇为相似，可明显看到来自北齐陶瓷造型与装饰的影响（图19）。不过，更直接的影响，还是来自同时期唐三彩的釉彩工艺。花瓷中的斑彩、漏斑彩、淋彩的装饰手法，均能在唐三彩中找到母本。如北京故宫博物院藏花瓷腰鼓的斑彩装饰，与中国国家博物馆藏三彩骑马俑绿彩白斑装饰如出一辙（图20）。又如乐道堂收藏淋彩花瓷罐，其装饰与日本五岛美术馆收藏的唐三彩罐颇为相近（图21）。

以上证据和相关科学测试数据表明，受唐三彩釉彩装饰技法的启发，唐代北方窑工，创造性地发明了一种在高温下极易熔融流动的富含 CaO、K_2O 的装饰釉彩[25]，从而促成了装饰釉彩由唐三彩低温釉彩品种向花瓷高温釉彩品种的转换，取得了高温装饰釉彩技术的新突破。相关研究还表明，具有乳浊感的月白、天蓝装饰釉彩，是目前所见最早成熟应用的分相釉，其自然流淌的装饰效果，是利用装饰釉彩高温黏度比底釉略低的特性，使釉彩在烧成过程中自然流淌形成的。

4. 异域风格的造型与装饰盛行

受唐代中西文化交流的影响，黑釉瓷中外来造型成为流行的新元素。如北京故宫博物院藏花瓷腰鼓（图20，右），其原型即是从西域传入的。广州红荙精舍（见本书18页）和河南博物院分别收藏的一件花口胡瓶、日本 MOA 博物馆藏黑釉龙柄花口执壶，均是仿自公元4至5世纪的罗马玻璃壶形制（图22）。红荙精舍藏目前仅见的一件唐代黑釉凤首壶（见

图16. 黄堡窑黑釉模印贴花执壶
1955年西安东郊唐墓出土

图17. 寿州窑黑釉漏花执壶
安徽寿县出土
寿县博物馆藏

图18. 寿州窑黑釉剔填兽面纹枕
高梧楼藏

25. 陈显求、黄瑞福、陈士萍《唐代花瓷的结构分析研究》，《硅酸盐通报》1987年2期。

专论

中国历代黑釉瓷器珍品

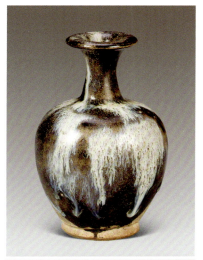

图 20. 左：三彩骑马俑　1958 年西安市出土　中国国家博物馆藏
　　　右：花瓷腰鼓　北京故宫博物院藏

图 19. 上：花瓷瓶　高梧楼藏
　　　下：黄釉绿彩瓶　北齐范粹墓出土

图 21. 左：花瓷罐　乐道堂藏
　　　右：三彩罐　日本五岛美术馆藏

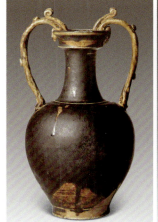

图 22. 左：花瓷花口执壶　河南三门峡出土　河南博物院藏
　　　中：罗马玻璃壶　朝鲜半岛庆州皇南洞第九十八号南坟出土
　　　右：黑釉龙柄花口执壶　日本 MOA 博物馆藏

图 23. 左：黑釉双龙柄壶　美国旧金山亚洲艺术博物馆藏
　　　右：阿契美尼德朝彩陶安弗拉式来通
　　　日本东京国立博物馆藏

本书40页）、美国旧金山亚洲艺术博物馆藏黑釉双龙柄瓶（图23），
也是外来文化影响的产物[26]。此外，黄堡窑直接用黑色釉料在素胎上绘
画的素胎黑釉彩装饰，也明显带有西亚特色。如此类装饰中最为多见的
盘子，先以黑釉将口沿内外绘成五曲形，盘内空白处再画朵花纹等图样。
其别具一格的装饰风格，显然是受了西亚伊斯兰陶器、玻璃器装饰的影
响（图24）[27]。

5. 造型和装饰中的宗教元素增多

唐代黑釉瓷中的某些器类，明显属宗教器用。如高梧楼藏长安醴泉
坊窑黑釉钵即是一例。与该钵造型相类的黑陶钵，在陕西西安西明寺遗
址[28]、唐代庆山寺塔基[29]、河南洛阳神会身塔基[30]、河南登封法王寺二
号地宫（图25，中）[31]也有发现；陕西扶风法门寺地宫、日本岐阜护国寺，
分别有一件鎏金银钵（图25，右）和铜鎏金狮子唐草纹钵。上述钵类器物，
在唐代均是佛门器用。醴泉坊窑的黑釉钵，见于陕西临潼著名的唐代皇
家寺院庆山寺塔基（图25，左），据此推测其或有可能是醴泉坊窑专
为皇家寺院烧制的宗教用器。1972年黄堡镇新村唐墓所出一件黑釉塔
式盖罐（图26），采用雕镂模印堆贴等技法制成。该器盖为七级宝塔形，
盖顶塑一小猴，罐腹下部模印堆贴叶纹一周，下承多边形底座，座上镂
雕佛像人物及花卉，显然是受佛教影响的随葬器物。此外，香港杨永德
伉俪收藏的黑釉净瓶，显然也是佛教器用（图27）。

装饰方面还有来自祆教的影响。如广州暂得斋藏一件黄堡窑模印纹
黑釉罐（见本书56页、图28），肩部间饰模印狗和飞鸟纹，可能与唐
代祆教的流行有关。如法国国立图书馆藏白画P.5418（24）号就绘有祆
教女神与犬（图28）。自上世纪20年代以来，中原地区陆续发现了许
多具有鲜明祆教文化因素的石刻葬具，包括青州北齐傅家画像石、西安
北周安伽墓出土石棺床、西安北周史君墓出土石椁北朝石棺床、太原隋

26. 谢明良《关于唐代双龙柄瓶》。见
《陶瓷手记——陶瓷史思索和操作的
轨迹》，第53页，台湾石头出版社，
2008年。
27. 祥振西《"带彩耀器"小考》，《中
国红绿彩瓷器专题学术研讨会论文
集》，文物出版社，2011年。
28. 中国社会科学院考古研究所西安唐城
工作队《唐长安西明寺遗址发掘简
报》，第53页，《考古》1990年1期。
29. 临潼县博物馆《临潼唐庆山寺舍利塔
基精室清理记》，第31页，《文博》
1985年5期。
30. 洛阳市文物工作队《洛阳唐神会和尚
身塔塔基清理》，图版7，《文物》
1992年3期。
31. 河南省文物考古研究所《河南登封市
法王寺二号塔地宫发掘简报》，第
26～37页，《华夏考古》2003年2期。

图24. 上：素胎黑釉彩盘
黄堡窑遗址出土
下：西亚花果连弧纹黄色玻璃盘
法门寺地宫出土

图25. 左：里白外黑釉钵　西安唐庆山寺塔基出土　中：黑陶钵　河南登封法王寺二号地宫出土　右：刻花鎏金银钵　陕西扶风法门寺地宫出土

图 26. 黑釉塔式盖罐
1972 年黄堡镇新村唐墓出土

图 27. 上：黑釉净瓶 香港杨永德伉俪藏
下：铜净瓶
河南洛阳神会身塔塔基出土

虞弘墓出土石棺（图 29）等。在这些石刻葬具上，出现了许多犬的形象。它们有的跟带有头光的神一起，有的跟着主人一起狩猎，有的在丧葬祭祀现场。按照祆教经典，这些表现丧葬祭祀现场的犬，正是祆教葬俗中发挥"犬视"作用，驱逐尸毒的圣犬。据此推断，广州暂得斋藏模印犬鸟纹的黑釉罐或有可能是祆教徒的葬具，其肩部模印的狗纹，也正体现了祆教葬俗的特点。而该罐上的飞鸟纹，应是所谓的鹘鸟，亦是祆教中的神鸟，这种飞速极快的小型猛禽是祆教中斗战神化身 Vereghna 鸟的原型（图 28、29）。

6. 造型品类空前丰富，涉及唐人社会生活诸多领域

这一时期的黑釉瓷以日用食器、茶器、酒器、枕具、文具、灯具、

图 28. 左：黑釉模印犬鸟纹罐局部 暂得斋藏
右：法国国立图书馆敦煌白画中的祆教女神与犬

图 29. 太原隋虞弘墓出土石棺椁壁第四幅、第七幅

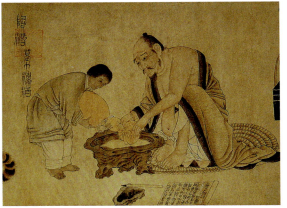

图 30. 左：花瓷蒜头壶　河南新野港里村出土　河南博物院藏
右：陆曜《六逸图·陶潜葛巾漉酒图》

图 31. 黄堡窑黑釉象座枕
西安市韩森寨唐墓出土

图 32 上：建窑油滴盏
日本静嘉堂文库藏
下：山西窑红釉滴盏
山西大同博物馆藏

香具等为主。如广州红荩精舍（见本书 20 页）和河南博物院分别藏有一件花瓷蒜头壶，对照唐代陆曜《六逸图》中的形象，可知蒜头壶为唐代流行的酒器（图 30）。又如西安市韩森寨唐墓出土的一件黄堡窑黑釉象座枕，则是一件颇具匠心的枕具（图 31）。此外，还有前文提到的花瓷腰鼓、醴泉坊窑的黑釉钵等乐器、佛教用器之类，器类非常丰富，说明黑釉瓷已深入到唐人社会生活的诸多领域，充分展现了大唐盛世社会生活的多姿多彩，同时也反映了在唐代中西文化碰撞与交流的文化背景下，黑釉瓷在唐人社会生活中所扮演的不可或缺的重要角色。

三　宋辽金元——黑釉瓷的黄金时代

宋辽金元时期，商品经济的快速发展，商业城市的大量涌现，社会经济关系的调整，生活方式的显著变化，为瓷业生产提供了新的契机。在此背景下，黑釉瓷生产迎来了自身发展的黄金时期，获得空前的发展，取得了非凡的成就。具体表现在以下几个方面：

1. 形成了南北并重、各擅胜场的新格局

宋金以来，黑釉瓷生产重心不再限于北方，除北方的定窑、磁州窑，河南当阳峪窑、鹤壁集窑，陕西耀州窑，山西大同青瓷窑、怀仁小峪窑、平阳窑，山东淄博窑等普遍生产黑釉瓷外，南方生产黑釉瓷的窑场数量也明显增多，其地位也显著提升，特别是以出产黑釉茶盏名重一时的建窑，更颇受当时皇室和文人的雅重，并成为当时南北各窑竞相仿烧的对

图 33 上：建窑油滴盏
日本静嘉堂文库藏
下：山西窑银油滴盏
大同博物馆藏

图34.上：建窑兔毫盏　高梧楼藏
　　下：北方窑兔毫盏　高梧楼藏

图35.浙江庆元县竹口潘里垄黑瓷窑址出土黑釉盏、窑具

图36.定窑黑釉金彩、曜变、剔花、油滴等品种残片　私人藏

32.浙江庆元县竹口潘里垄黑瓷窑址。
33.江西省文物考古研究所、景德镇民窑博物馆《景德镇湖田窑址：1988-1999年考古发掘报告》，彩版一五五～一六六，文物出版社，2007年。
34.黄玉质、杨少祥《广东潮州笔架山宋代瓷窑》，《考古》1983年6期。

象（图32～34）。南方地区最富创造力和装饰最丰富的吉州窑，其生产的黑釉瓷则更为禅僧释子和参禅士人所偏爱。不仅如此，以烧青瓷为专长的龙泉窑（图35）[32]、专烧青白瓷的景德镇窑也生产黑釉瓷[33]。就连以外销为主的广东潮州窑也有大量黑釉瓷盏生产[34]。另外，西南还有重庆涂山窑、成都金凤窑、广元窑的黑釉瓷，虽其成就并不突出，却反映了当时黑釉瓷生产的广泛性及在大众生活中的重要地位。辽代黑釉瓷的产量较大，目前已知林东辽上京窑、赤峰缸瓦窑、山西浑源窑、怀仁窑、辽阳江官屯、北京龙泉务窑均有黑釉瓷出产。西夏黑釉瓷在北方黑釉瓷中独树一帜，虽然其窑业技术、造型、装饰等明显受到山西等窑场的影响，但仍具有浓郁西夏民族的地域特点。目前，已发现的西夏黑釉瓷窑址主要有宁夏灵武窑、回民巷窑、甘肃武威窑等处。

此时，南北各窑黑釉瓷的品种、装饰技法各有千秋。既有众人熟知的黑定、"金花定碗"等名品，也有尚不为人所知的定窑油滴、曜变、剔花等稀有品种（图36）；既有北宋耀州窑黑釉茶盏中如丝带般飞舞的酱色条彩（见本书122~124页），也有山西诸窑风格独树一帜的黑釉剔花装饰（见本书135~151页）；既有华北等窑口流行的白覆轮工艺（见本书164~170页），也有河南、河北、山东诸窑的出筋装饰（见本书171~181页）；既有南方建窑的兔毫、油滴、鹧鸪斑等斗茶名品，也有北方金人受建窑影响的怀仁小峪窑红油滴茶盏、平阳窑银油滴；既有南宋吉州窑最富创意的桑叶、漏花、玳瑁，也有西南重庆涂山窑特有的虹彩与曜变。正可谓南北诸窑，各有专攻，各擅胜场。

2．茶酒之器成为黑釉瓷生产的主流

两宋以来，饮茶之风的盛行及瓶装酒的普及，促使以茶酒之器为主流的黑釉瓷生产获得空前发展。北宋以来，皇室贵族、文人墨客与禅僧释子推崇以建安团茶进行点茶、分茶，斗茶游戏。因建盏色黑利于衬托茶汤之白，故而受到社会各阶层的一致追捧。受此影响，南北各大窑场也纷纷仿效建盏，北方定窑、磁州窑、耀州窑，山西、西南诸窑均有仿烧。吉州窑则另辟蹊径，其生产的桑叶、漏花、玳瑁等茶盏别具一格。此时，各式茶罐也非常流行。如美国纳尔逊艺术博物馆藏定窑黑釉盖罐，参考冯道真墓壁画备茶图中题有"茶末"标签的盖罐，可知其亦应是盛放茶末的器具（图38）。又如观叶楼和暂得斋藏两件荷叶盖罐，从南宋《白莲社图卷》中煎茶场景中的荷叶罐来看，也有

图 37. 上：山西兴县红峪村元至大二年墓壁画备茶图
下左 1：备茶图中的鸡心罐
下左 2：钧窑鸡心罐 钧窑研究会展品
下右 1：黑釉酱彩罐
下右 2：黑釉油滴鸡心罐

图 38. 上：冯道真墓壁画备茶图
下左：冯道真墓壁画中的茶罐
下右：定窑黑釉盖罐
美国纳尔逊艺术博物馆藏

可能是盛储茶叶的用途（图 39）。再如暂得斋藏油滴鸡心罐，从山西兴县红峪村元至大二年墓壁画，所绘备茶图中的同类器物与茶盏、茶托的组合关系来看，其显然应属盛储茶末的器用（图 37）。此外，赣州窑在南宋至元代还生产一种柳斗罐，颈下分布一周乳钉文，内施黑釉或酱釉至唇外，器表无釉刻划柳斗纹。关于其用途，根据南宋柳松年《补纳图》备茶场景中，人物手持柳斗罐搅拌之情形，推测其应为打茶汤的专用茶器。其外部不施釉的柳斗纹及圈底造型，即是为了打汤花时增加摩擦力而便于把持所设计（图 40）。

宋代之前，沽酒多用升斗之类，入宋后则大量使用酒瓶。因黑釉酒瓶最适宜酒的保存，故两宋以来，造型各异和装饰多样的黑釉酒瓶便成为南北各大窑场的主要产品之一（图 41~42）。

图 41. 左：白沙宋墓第一号墓甬道西壁持
梅瓶人物壁画
右：北宋黑釉酱斑长瓶 高梧楼藏

3. 窑炉技术与瓷器装饰艺术的完美结合

宋金时期的窑工，通过娴熟精准地调节窑炉的气氛与烧成温度，以配合黑釉瓷器对不同装饰艺术效果的要求。如此时南北窑场中普遍流行

图40. 上：南宋刘松年《补纳图》局部
　　　台北故宫博物院藏
　　下左：酱釉柳斗罐　高梧楼藏
　　下右：黑釉柳斗罐
　　　韩国元代新安海底沉船打捞

图39. 左：南宋《白莲社图》局部
　　右上：黑釉荷叶盖罐　高梧楼藏
　　右下：黑釉荷叶盖罐　暂得斋藏

图42. 左：山西兴县红峪村元至大二年墓壁画备酒图
　　中：壁画中的玉壶春瓶
　　右：黑釉酱彩鸟形花纹玉壶春瓶　美国哈佛大学艺术馆藏

的兔毫、油滴等品种，就是陶工利用液相分离的原理，并延长窑室中的保温时间，使釉中铁的晶体发育良好，从而达到前所未见的装饰艺术效果。通过瓷釉配方和窑室温度气氛调节，还可使油滴产生红油滴、银油滴之分，兔毫产生银兔毫、红兔毫之别，甚至烧造出"曜变天目"一类的黑釉瓷艺术珍品（图43）。北宋耀州工匠同样利用窑炉技术与瓷器装饰艺术的完美结合，使耀州窑黑釉形成一种有如丝绢般的柔和光泽，成为耀州窑黑釉瓷工艺的独门技艺（见本书124页）。

图43. 建窑曜变盏　日本静嘉堂文库藏

4. 造型与装饰明显受宗教、士人精英及市井文化的影响

　　以吉州窑为例，在以禅宗和儒家文化为主要内涵的庐陵文化熏染之下，吉州窑瓷器明显具有与众不同的文人气韵和超凡脱俗的禅意之美，加之宋元高度发达的商品经济的推动和市井世俗之风的浸染，吉州窑因此发展成为江南地区宋元时代最具代表性和最富创造力的民间窑场。此外，磁州窑等北方窑场黑釉茶盏上流行的酱斑装饰、耀州窑茶盏的黑釉

酱条彩（图录88），均有可能是受禅宗"无所矫饰，自然天成"审美观念影响的产物。

5. 对各类工艺的模仿与借鉴

主要是对丝织品纹样的借鉴，及对漆器、金银器等工艺及玳瑁等珍稀材料肌理的模仿。宋代发达的纺织业，其丰富多彩的织锦、花罗、缬染纹样，对吉州窑装饰可谓影响最大。美国波士顿美术馆藏黑釉漏花酱彩朵花纹瓶及高梧楼所藏黑釉漏花朵花纹嘟噜瓶，应是北方少见的受纺织缬染工艺影响的例子（图44）。两宋时期，金银器、漆器工艺的高度发达，以及龟筒、玳瑁等珍稀材料制作的奢侈工艺品在宫廷和上层社会的广为流行，直接刺激了南北各窑模仿这些珍贵材料质感和表面肌理工艺的发展。如吉州窑的仿剔犀纹、玳瑁，建窑的兔毫、鹧鸪斑等装饰，就是对漆器、天然材料、动物皮毛肌理的模仿。而北方窑口的黑釉剔花装饰则明显来自金银工艺的影响。华北诸窑流行的凸线纹装饰，有可能是对当时竹编或柳编一类器物外观的模仿。北方常见的白覆轮，则有学者认为是对银扣的模仿。北方酱釉瓷器的流行，应源自对宋代漆器的追模。赣州窑柳斗罐，从其外观刻划的线条，明显仿自编制柳斗的特点。耀州窑、重庆涂山窑也有非常精美的仿玳瑁器（图45）。福建磁灶窑的仿剔犀瓷器，明显不同于吉州窑的剔犀平面纹理的模仿，竟然将剔犀制品深剔刻的肌理都表现了出来（图46）。

图44. 上：黑釉漏花酱彩朵花纹嘟噜瓶
　　　　　观叶楼藏
　　　下：黑釉漏花酱彩朵花纹瓶
　　　　　美国波士顿美术馆藏

6. 瓷业技术的传播与交流呈现出前所未有的广度

以福建为例，在建窑的影响下，福建各地竞相仿制建盏，形成了闽北、福州、闽南三个片区的黑釉瓷窑区，其影响更扩大至北方，北方定窑、磁州窑、耀州窑，山西诸窑均有仿烧建窑的产品，呈现出南北瓷业技术交流前所未有的局面。此外，北方诸窑之间也相互借鉴学习，如白覆轮、出筋装饰在北方窑场中的普遍流行，以及金代山西大同青瓷窑对西夏瓷器装烧和装饰工艺的影响，即可反映出这方面的情况。

图45. 上：耀州窑玳瑁釉盏
　　　　　耀州窑遗址出土
　　　下：涂山窑玳瑁釉碗
　　　　　重庆荣昌县合靖乡
　　　　　祝家坝村窑藏出土

四　关于辽与西夏黑釉瓷的两个问题

1. 辽耶律羽之墓出土黑釉瓷生产的历史背景

辽会同五年（942）耶律羽之墓，曾出土数件黑褐色釉瓷及黑釉瓷，

图 46. 福建磁灶窑黑釉仿剔犀玉壶春瓶
瑞士玫茵堂藏

图 47. 上：黑褐釉喇叭口壶
　　　　耶律羽之墓出土
　　　下：黑陶喇叭口壶
　　　　耶律羽之墓出土

35. 中国社会科学院考古研究所《宁夏灵
　　武窑发掘报告》，第 181 页，中国大
　　百科全书出版社，1995 年。

造型有喇叭口壶（图 47）、皮囊壶（图 48）、高领罐、卷唇罐、钵（见本书 152～154 页）。其中喇叭口壶、高领罐的造型见于辽地陶器、绿釉陶，皮囊壶，具有鲜明契丹民族特点。这批瓷器造型规整、制作考究、胎质细腻、釉面光洁，属难得的上乘之作。关于其产地，学界均认为是定窑产品。

至于为何耶律羽之会拥有一批如此高质量且带有契丹特色的定瓷，推测应与耶律羽之所处年代，后晋对辽的臣属关系密切相关。937 年，后晋石敬瑭与辽太宗达成协议，认太宗作自己的父亲，以表示他的王朝臣属于契丹，辽太宗成为中原皇帝名义上的宗主。而此时定窑恰处在后晋的版图之内。在这种背景下，后晋政权按照契丹人的要求在定窑定烧高质量瓷器，并作为贡品进奉给契丹贵族也就在情理之中了。

2. 西夏灵武窑黑釉瓷的生产技术与装饰工艺来源

关于西夏灵武窑黑釉瓷的生产技术与装饰工艺来源，马文宽认为与山西北部诸窑关系较大[35]，并进一步提出西夏曾短暂占领晋北沿黄河一带，撤退时可能将河曲等地窑场的部分匠人掠走，以后发展了西夏制瓷手工业。诚然，从西夏瓷器的装饰风格，特别是黑釉剔划花瓷器的特征来看，确实与山西北部窑场关系密切。但是否与河曲掠走匠人有关，却是值得商榷的问题。因河曲窑未经正式发掘，从调查所获的有限资料，也看不出其与西夏瓷之间有任何关系。而从笔者掌握的资料来看，西夏

图 48. 左：黑褐釉皮囊壶　耶律羽之墓出土
　　　右：白釉皮囊壶　耶律羽之墓出土

灵武窑瓷器似与大同青瓷窑关系最为密切。

首先，两者都是以烧造黑釉剔划花瓷器为主的窑场，两者的装饰手法、风格，如连弧状的水波纹及粗狂豪放的大花叶等都有诸多相似之处（图49）。

其次，可明显看到灵武窑的烧造工艺受了青瓷窑的影响。如灵武窑一期中可见到大量肩部带涩圈的梅瓶、罐类等器物，这是"扣口垛烧"装烧方式留下的工艺痕迹，这种支烧方式大同青瓷窑最为流行（图50、51）。

此外，西夏灵武窑瓷器受到大同青瓷窑的影响，可能还与大同青瓷窑所处的地理位置有关。公元1141年（夏大庆二年，金皇统元年），金熙宗应夏仁宗李仁孝的请求，置榷场以通互市。首先开放的为云中（今大同）西北的过腰带、上石楞坡、天德、云内、银瓮口（今呼和浩特市北大青山口）等地榷场。上述榷场均设于西京路西部与西夏相邻地区，与西京路府治所在大同府相距较近，通过上述榷场西夏人很容易接触到大同窑生产的瓷器。这可能才是西夏灵武窑受大同青瓷窑影响的原因所在。

五　山西黑釉剔划花瓷器的产地、年代及其特点

山西古陶瓷中最具地方特色的当首推黑釉剔划花瓷器，其朴拙的造型、独特的装饰手法、粗犷的艺术风格在中国古陶瓷中独树一帜。早在上世纪80年代，水既生先生就对山西黑釉剔划花瓷器作了专题性的调查与研究[36]。稍后冯先铭、李知宴、叶喆民等，对以生产黑釉剔划花瓷器为特色的浑源窑、大同青瓷窑、怀仁窑等进行了调查[37]。90年代末，山西省考古研究所对浑源窑进行较大规模发掘，特别是浑源青瓷窑的发掘，为进一步认识浑源窑黑釉剔花瓷器提供了新资料。但总的来说，人

图49.上：西夏灵武窑黑釉剔花扁壶
　　　　中国国家博物馆藏
　　　下：黑釉剔花瓷器标本
　　　　大同青瓷窑出土

图50. 左：黑釉线刻马纹梅瓶　西夏灵武窑遗址出土
　　　左2：黑釉划花鱼纹梅瓶
　　　右2：黑釉剔花开光花卉纹梅瓶　西夏灵武窑遗址出土
　　　右：黑釉剔花卷草纹梅瓶　1955年山西天镇县夏家沟遗址出土

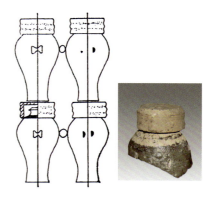

图51. 左：扣口垛烧示意图
　　　右：大同青瓷窑遗址采集扣口垛烧
　　　　标本
　　　　山西博物院藏

图 52. 黑釉剔花卷草纹嘟噜瓶
1955 年山西天镇县夏家沟遗址出土

图 53. 左：黑釉梅瓶　1988 年大同南郊云中大学食堂基建工地金墓出土
中：黑釉剔花卷草纹梅瓶　1955 年山西天镇县夏家沟遗址出土
右：大同青瓷窑采集标本

图 54. 山西黑釉剔花瓷器窑址与出土
地点分布图

▲　窑址
△　出土器物地点

36. 水既生《山西古窑址中所见黑釉剔划
　　花瓷器》，《景德镇陶瓷》1983 年 1 期。
37. 冯先铭《山西浑源古窑址调查》，《中
　　国古代窑址调查发掘报告集》，第
　　416 ～ 421 页，文物出版社，1984 年。
38.《山西天镇县夏家沟发现辽金时代居
　　住遗址一处》，《文物参考资料》
　　1955 年 9 期。

们对山西黑釉剔划花瓷器的认识还十分有限，甚至存在严重的偏差和错误。

依据早年调查和近年考古发掘资料，并结合山西各地出土及馆藏资料来看，山西黑釉剔划花瓷器的产地，大致可分晋北、吕梁、晋南三个片区（图 54）。晋北主要有大同青瓷窑、浑源界庄窑、怀仁小峪窑和鹅毛口窑，朔县大平易窑和下磨石沟窑。晋南有临汾龙祠窑和尖草坪窑、乡宁西坡窑、霍县陈村窑等。根据目前掌握的资料来看，大同青瓷窑、浑源界庄窑、怀仁鹅毛口窑、乡宁西坡窑产量较大。吕梁地区虽然仅发现临县招贤窑和兴县炭烟沟窑两处烧造黑釉剔划花瓷器的窑场，但从吕梁境内临县、柳林、离石、石楼、交口、汾阳、孝义、文水等地大面积范围均发现出土黑釉剔划花瓷器的情况来看，吕梁地区亦应是山西黑釉剔划花瓷器的重要产区。

1. 晋北地区

大同青瓷窑　窑址位于今山西大同云冈镇青瓷窑村。该窑以烧黑釉和茶叶末釉为主，另兼烧少量白瓷。黑釉多乌黑光亮，茶叶末釉表面无光。产品以黑釉剔划花瓷器最具代表性。典型器有小口方唇的梅瓶、罐（俗称嘟噜）。黑釉剔花风格粗犷、豪放，艺术水平之高，居山西同类产品之首。

1955 年，天镇县永嘉堡乡夏家沟村民李子正，在村西魏宝元院后挖土时发现窖藏瓷器等文物[38]。其中黑釉剔花卷草纹罐、黑釉剔划花球形

图 55. 左：黑釉剔花毯形开光花卉纹嘟噜瓶
1955 年山西天镇县夏家沟遗址出土
右：大同青瓷窑采集标本

图 56. 左：黑釉划花毯形开光鱼纹梅瓶
日本《白与黑的竞演》收录
右：大同青瓷窑采集标本

开光花卉纹罐[39]、黑釉剔花卷草纹梅瓶三件瓷器，与大同青瓷窑出土的同类标本特征完全相合，是典型大同青瓷窑产品（图 52、53、55）[40]。但也有学者认为是浑源窑制品，是囿于当时材料所限的误判[41]。

2003 年，内蒙古集宁路古城遗址出土一件黑釉剔花卷草纹筒形罐（图 57）[42]，其粗放的大花叶卷草纹与大同青瓷窑出土标本特征相近，可能是大同青瓷窑产品。集宁路为金代西京路大同府抚州属邑。据《金史·地理志》"集宁，明昌三年，以春市场置"的记载可知，集宁在金代是蒙古草原与中原地区商贸的重要场所——春市场（榷场）所在。集宁南距大同仅 90 公里，所以在集宁发现大同青瓷窑瓷器就在情理之中了。

根据大同青瓷窑出土黑釉剔划花瓷器标本和天镇、内蒙集宁路出土的黑釉剔划花瓷器，可归纳出以下特点：

（1）小方唇口的梅瓶、嘟噜瓶为该窑代表性器物；

（2）有的器物肩部有一周露胎涩圈，这是山西北部流行的装烧方式留下的工艺痕迹。这种装烧方法，水既生先生称之为"扣口垛烧"（图51）；

（3）嘟噜瓶肩部多装饰一周菊瓣纹（图 52、55，见本书 137 页）；

（4）梅瓶、嘟噜瓶等器物腹部流行大花叶卷草纹、毯形开光装饰（图52、53 中、55）；

（5）流行弧状水波纹、鱼纹划花装饰（图 56）。

关于大同青瓷窑黑釉剔划花瓷器的年代，以往有宋[43]、辽[44]、金[45]不同看法。从现有资料来看，大同青瓷窑黑釉剔划花瓷器的生产年代，应在金代。理据如下：

图 57. 黑釉剔花卷草纹筒形罐
2003 年内蒙古集宁路古城
遗址出土

39. 该罐底部墨书"郭舍住店"。有人认为此是该店定烧瓷器的标识，但据内蒙古集宁路出土器物上书写"王宅药铺"、"食店杨家"的情况来看，此类题记应是店家之间为避免瓷器在使用过程中发生混淆的情况而题写的。由此判定，"郭舍住店"墨书款的罐，当是一位郭姓人家所开旅店使用的器物。此罐为 1955 年天镇夏家沟金代遗址出土三件黑釉剔划花瓷器中的一件，《中国陶瓷全集》9 辽西夏金一书介绍系金墓出土的情况有误。

40. 山西博物院的李勇、王爱国亦认为天镇夏家沟出土黑釉剔划花瓷器为大同青瓷窑产品。参见李勇《大同青瓷窑古窑址调查》，《山西文物》1986 年1 期；《中国古陶瓷全集》9 辽西夏金，图二〇九说明。

图 58. 黑釉划花瓷器残片　　　图 59. 黑釉划花罐　　　图 60. 黑褐釉鸡腿瓶　　　图 61. 黑釉划花双系罐　日本藏
怀仁窑遗址采集　　　　　山西大同出土　　　　大同博物馆藏　　茧山龙泉堂编《龙泉集芳》收录

41. 冯先铭《山西浑源古窑址调查》,《中国古代窑址调查发掘报告集》, 文物出版社, 1984 年。

42. 内蒙古自治区文物考古研究所 陈永志主编《内蒙古集宁路古城遗址出土瓷器》, 文物出版社, 2004 年。

43.《中国陶瓷史》在"宋代黑瓷的生产"一节中论及天镇夏家沟出土的三件黑釉剔划花器, 显然把其认定为宋代制品。不过由于宋的势力范围从未到达大同、天镇一带, 故"宋代说"显然不能成立。

44.《山西出土文物》, 山西省文物工作委员会, 1980 年。

45. 李勇《大同青瓷窑古窑址调查》,《山西文物》, 1986 年 1 期。

46. 大同市博物馆《大同市南郊金代壁画墓》,《考古学报》1992 年 4 期。

47. 国家文物局主编《中国文物地图集》山西分册（中）, 第 190 页, 中国地图出版社, 2006 年。

48. 北宋李清臣（1032 ～ 1102）《韩忠献公琦行状》称:"河东俗杂羌夷, 用火葬"; 北宋程颐（1033 ～ 1107）《明道先生行状》云:"晋俗尚焚尸, 虽孝子慈孙, 习以为安"; 北宋毕仲游（1047 ～ 1121),《乞理会河东土俗埋葬札子》载:"其俗勤于养生, 怠于送死。非士大夫之家, 中户以下, 亲戚丧亡, 即焚其尸, 纳于缸中, 寄放僧寺与墓户之家, 类不举葬。盖虽上户, 亦有不葬而焚之者。"

首先, 从造型及装饰风格来看, 大同青瓷窑黑釉剔划花瓷器与典型辽瓷没有任何相似之处, 在辽墓和辽代遗址中也没有此类制品发现。

其次, 内蒙古集宁路古城遗址经科学发掘出土的黑釉剔划花筒形罐, 为大同青瓷窑黑釉剔划花瓷器的断代提供了重要参照。由前述文献可知, 集宁路, 金代为集宁县, 建于金章宗明昌三年, 故知集宁路出土的黑釉剔划花筒形罐的年代当不早于集宁建县的金章宗明昌三年。而且, 承主持集宁路发掘的陈永志相告, 该筒形罐出自金代地层。

此外, 1988 年大同南郊云中大学食堂基建工地金墓出土的黑釉梅瓶[46], 与天镇出土的黑釉剔花卷草纹梅瓶造型特征颇为一致, 也为大同青瓷窑黑釉剔花瓷器提供了断代佐证（图 53）。

怀仁窑 该窑发现两处烧造地点, 分别位于今山西怀仁西北十五里的云中镇鹅毛口中街村西和西南四十里的新家园乡小峪村东[47]。该窑烧造品种以黑釉为主, 典型器物为弦纹瓶及罐等, 器物胎体厚重, 装饰有黑釉细线划花及剔花两种。黑釉剔花发现标本有限, 难以看出其特点; 黑釉划花标本较多, 可说是怀仁窑独具装饰特色的产品（图 58）。大同、怀仁均出土了与窑址标本特点相同的器物（图 59）。从 20 世纪 70 年代怀仁出土黑釉划花骨灰大口罐可知, 此类罐系专为盛装骨灰生产。此类罐在怀仁窑的大量生产, 与当时山西地区火葬的盛行有关[48]。

关于怀仁窑黑釉划花瓷器的年代。该窑流行的粗放细线花叶纹, 与"乾统二年"墨书铭白釉罐的卷草纹风格颇为相近（图 68 左）, 可能同为辽代产品。

从窑址标本及城市出土完整器物来看, 怀仁窑黑釉划花器物有以下

图 62. 黑釉剔花瓷器标本 浑源窑遗址出土　　　　图 63. 黑釉划花瓷器标本 浑源窑遗址出土　　　　图 64. 黑釉剔花瓷器标本 浑源窑遗址采集

特点：

（1）所见器形主要有大口罐（图59）、鸡腿瓶（图60）、双系罐（图61）等；

（2）制作工艺粗糙，器物多有歪斜、变形现象；

（3）鸡腿瓶的肩部，有类似大同青瓷窑流行的一周露胎涩圈；

（4）大口罐的口沿不施釉，是对口烧或对口套烧的工艺痕迹；

（5）大口罐、鸡腿瓶的中腹以下，有多重凸起弦纹；

（6）流行风格粗放的细线划花大花叶纹。

浑源窑　窑址在今山西浑源。1997、1999年山西省考古研究所对该窑进行较大规模发掘，发现窑炉和作坊等遗迹，出土大量窑具、模范及瓷器标本。其中以青瓷窑发现的大量黑釉剔花瓷器最富地方特色，按胎质分粗细两大类，胎细者洁白细腻，为山西之最（图62～64）。

从窑址发掘、采集标本，并结合发现的完整器物来看，浑源窑黑釉剔花有以下特点：

（1）所见器形有大口罐（图66、67）、折肩罐（图65）等；

（2）大罐等口沿及罐下半部无釉，或罐下部刮釉一周，是叠烧、套烧、垛烧留下的工艺痕迹（图66、67）；

（3）流行曲折装饰带（图66、67）；

（4）流行朵花装饰，有的在黑釉上剔一个小圈，中间留一朵小花，颇具特色（图64、65）；

（5）大罐等器物的肩部剔花装饰带呈连弧状（图66）；

（6）流行风格粗放的卷草纹（图66、67）；

（7）流行划花三角形连弧花叶装饰带（图63）。

关于浑源窑黑釉剔划花瓷器的生产年代，水既生、李知宴认为是辽，而冯先铭、浑源窑发掘者及许多相关研究、著述中则多认为是金代。浑

图 65. 上：黑釉剔花折肩罐 私人藏
　　　 下：黑釉剔花折肩罐残片
　　　　　浑源窑遗址采集

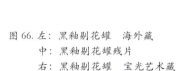

图 66. 左：黑釉剔花罐　海外藏
　　　中：黑釉剔花罐残片
　　　右：黑釉剔花罐　宝光艺术藏

图 67. 左：黑釉剔花罐　大同博物馆藏
　　　中：黑釉剔花罐　大同博物馆藏
　　　右：黑釉剔花罐　大同博物馆藏

图 68. 左："乾统二年"墨书铭白釉划花
　　　　　 卷草纹罐　大同博物馆藏
　　　中：白釉剔花罐　大同博物馆藏
　　　右：白釉剔花罐　大同博物馆藏

图 70. 左：黑釉剔花罐　大同博物馆藏
　　　中：黑釉罐　大同卧虎湾辽墓出土
　　　右：白釉剔花罐
　　　　　 大同郊区青瓷窑辽代窖藏出土

图 69. 浑源窑剔花标本 窑址采集

源窑在唐代已有相当的烧造规模和水平。进入辽代，特别是辽兴宗重熙十三年 (1044)，云州升为西京大同府，大同遂成为辽代五京之一，历时 81 年。当时，大同扼西南要冲，是辽的边防重镇，"非亲王不得主之"。浑源窑紧邻西京大同，在这样的历史背景下，理应有更大的烧造规模，以满足西京的需求。基于上述情况，我们有理由相信浑源窑有大量的辽代瓷业遗存，而笔者认为浑源窑的黑釉剔花正是该窑辽代最具代表性的产品之一。依据如下：

第一，大同博物馆藏一件"乾统二年"墨书铭白釉划花卷草纹罐（图 68 左），为浑源窑黑釉剔花（包括白釉剔花）制品的断代提供了重要依据。虽然该罐为划花制品，但其图案构图特点与浑源窑黑釉、白釉剔划花制品的特征如出一辙（图 67 ~ 69）。

图 72. 左：黑釉剔花莲荷纹双系瓶
　　　　茧山龙泉堂编《龙泉集芳》收录
　　　右：黑釉双系瓶　西安北郊红庙坡元墓出土

图 71. 黑釉剔花双系瓶残片
　　　乡宁窑遗址采集

图 73. 黑釉划花残片　乡宁窑遗址采集

　　第二，大同博物馆收藏的一件浑源窑黑釉剔划花罐，其造型特征与大同郊区青瓷窑辽代窖藏出土白釉剔花罐[49]及大同卧虎湾辽墓出土黑釉罐[50]特点相同（图 70）。

2. 晋南地区

　　乡宁窑　窑址位于距山西乡宁县城西南 40 公里的西坡镇。该窑发现三处烧造地点，分别是西坡村西坡瓷窑址、藏岭村北圪塔瓷窑址及土圪堆村土圪堆瓷窑址。以烧黑釉为主，兼烧白瓷、青瓷。黑釉剔划花是该窑代表性产品。

　　水既生先生早年调查了西坡村碗窑坪窑址[51]，发现了两类黑釉剔划花产品，其中一类主要为小口双系瓶，其主要特点（图 71）：

　　（1）胎色微灰或微红，釉层漆黑厚润；

　　（2）大腹小口，口部有双系；

　　（3）瓶身流行剔划特大的荷花和荷叶，花头侧倾，荷叶有飘动之感，刻花线条流畅；

　　（4）边饰中有的剔掉简单纹样，留下黑釉空地，颇具特色。

　　关于碗窑坪出土典型器物黑釉剔花双系罐的年代，以往大多认为是宋金之物，但根据西安北郊红庙坡元墓出土一件黑釉双系罐[52]（图 72 右），可知乡宁窑双系罐是元代流行式样。高梧楼藏黑釉剔划花莲荷纹梅瓶（见本书 148 页）、暂得斋藏黑釉莲荷纹罐（见本书 151 页），其纹饰特点与乡宁窑出土标本相同，有可能是乡宁窑或邻近窑场的产品。

　　碗窑坪还发现有一种精细的黑釉划花品种，图案以外的地方划以不

图 74. 左：黑釉划花莲荷纹梅瓶
　　　　陕西省历史博物馆藏
　　　右：黑釉刻划花莲荷纹梅瓶
　　　　茧山龙泉堂编《龙泉
　　　　集芳》收录

49.《大同郊区青瓷窑发现古代遗物》，《文物》1958 年 6 期。

50. 大同市文物陈列馆《山西大同卧虎湾四座辽代壁画墓》，《考古》1963 年 8 期。

51. 水既生《山西古窑址中所见黑釉剔划花瓷器》，《景德镇陶瓷》，1983 年 1 期。

52. 卢桂兰、师晓群《西安北郊红庙坡元墓出土一批文物》，《文博》1986 年 3 期。红庙坡元墓虽无墓志，但同出的一件青白瓷盘底墨书有八思巴文，可以肯定是一座元墓。

图 75. 黑釉剔花开光花卉纹罐
　　　山西博物院藏

图 76. 上：黑釉剔花卷草纹罐
　　　　　海外私人藏
　　　下：黑釉剔花卷草纹鸡心罐
　　　　　香港杨永德夫妇藏

规则的倾斜平行线，纹饰仅见有莲荷纹（图 73）。陕西省文物商店征集和日本茧山龙泉堂旧藏各一件梅瓶，其纹饰与碗窑坪采集标本非常相近，有可能是该窑产品（图 74）。

3. 吕梁地区

元代黑釉瓷产量仍然很大，产地分布也非常广泛，几乎北方所有窑场都有烧造，但瓷器总体质量较宋金时期有所下降。此时山西吕梁地区的黑釉瓷异军突起，在造型和装饰风格上独树一帜，堪称元代黑釉瓷中的翘楚。

历年来，在山西吕梁地区的临县、柳林、离石、石楼、交口、汾阳、孝义、文水等地发现了不少颇具地方特色的黑釉剔花瓷[53]。其中小口双唇的嘟噜瓶，是吕梁地区出土黑釉剔划花瓷器中最具代表性的产品（图 77、80）；玉壶春瓶亦是该区域出土黑釉剔划花瓷器的代表性器物之一（图 78），其侈口、束颈，溜肩，垂腹的秀美造型，与元代景德镇、耀州窑等所产玉壶春瓶时代风格一致；梯形口的梅瓶颇为流行，是山西特有的一种式样（图 79、83）。此外，可确认为吕梁黑釉剔花的产品还可见到直口鼓腹罐、唇口鼓腹罐、鸡心罐等（图 75、76）。装饰题材流行二方连续的缠枝花卉、曲折带、开光花卉等纹饰。

从已掌握的资料看，吕梁出土的黑釉瓷可能是其境内的临县招贤窑和兴县奥家湾乡的炭烟沟窑等窑的产品。值得注意的是，邻近的陕西榆林的绥德、佳县、清涧、神木也发现不少与吕梁出土黑釉瓷面貌相同的产品[54]（图 82）。这说明此类黑釉瓷在满足山西当地需求的同时，通过

图 77. 黑釉剔花填白卷草纹嘟噜瓶
　　　山西孝义兑镇中学综合楼基建工地出土

图 78. 左：黑釉剔花开光花卉纹玉壶春瓶
　　　　　山西柳林穆村杨家坪出土
　　　右："至正元年"款黑釉玉壶春瓶
　　　　　美国华盛顿弗利尔美术馆藏

图 79. 黑釉剔花卷草纹梅瓶
　　　山西交口温泉村出土

图 80. 左："大德九年"款黑釉剔划花婴戏纹嘟噜瓶 大英博物馆藏
　　　 中：黑釉剔花花鸟纹嘟噜瓶《世界陶瓷全集》13 辽金元收录
　　　 右：黑釉剔花开光花卉纹嘟噜瓶《世界陶瓷全集》13 辽金元收录

黄河碛口、黑峪口等渡口远销到了陕西的榆林地区。

招贤窑　窑址位于山西临县招贤镇河沟南侧，以烧黑釉为主，兼烧白釉，器形有罐、碗和瓶等。装饰以黑釉剔划花最具特色，釉色黑亮纯正，装饰粗犷；另有黑釉酱彩也是该窑特色产品[55]。从《辑本元一统志》载"瓷窑二十处，在县南八十里招贤村，岁办官课"[56] 的内容来看，元代招贤窑的烧造规模还比较大。惜该窑无任何图像资料发表，无法窥其真貌。

兴县窑　窑址位于兴县东五公里的奥家湾乡的炭烟沟[57]。采集有黑釉和白釉瓷片，其中黑釉划花装饰最具代表性，另有釉滴等。其黑釉划花瓷器的特点是：胎呈灰黄色，釉层很薄；釉色黑中泛赭；纹饰可见硕大的莲花和牡丹花，花头端正对称，线条沉着有力，花纹空地作垂直的并行条纹（图 85）。存世的完整器中，有与窑址标本大致吻合者，如杨永德伉俪藏两件黑釉划花梅瓶（图 83 中、右）、一件黑釉划花卷草纹嘟噜瓶（图 84），有可能是该窑产品。

经对有关史料及出土文物的考察，元代招贤窑、兴县等窑因邻近水源，有煤矿和丰富的制瓷原料，又紧邻晋西通往陕西的交通要冲碛口、黑峪口等渡口，故推测其大量嘟噜瓶、玉壶春、梅瓶的生产，与其特殊的地理位置和邻近汾州发达的酿酒业有关。

吕梁地区出土的黑釉剔花，因考古资料有限，故人们多将其误认为是浑源窑的产品。至于其生产年代，以往的研究与著录也多把其误定为宋金产品。事实上，目前所见吕梁地区的黑釉剔花瓷器绝大多数为典型的元代制品。理据如下：

首先，《辑本元一统志》所载"瓷窑二十处，在县南八十里招贤村，

图 81. 上：黑釉铁锈花鸟形花嘟噜瓶
　　　　 海外私人藏
　　　 下：黑釉鸟形花唇口罐
　　　　 日本东京富士美术馆藏

53. 文中所提吕梁各地出土的一些黑釉剔花瓷器，收藏于各地博物馆、文管所，多数资料均未发表。

54. 陈孟东《榆林地区一批馆藏宋、金、元瓷器》，《文博》1986 年 1 期。

55. 国家文物局主编《中国文物地图集》山西分册（下），第 1230 页，中国地图出版社，2006 年。

56.《辑本元一统志》，119 页，元孛蘭肹等撰，赵万里较辑，中华书局重印，元至正六年杭州刻本，卷一。

57. 国家文物局主编《中国文物地图集》山西分册（下），第 1223 页，中国地图出版社，2006 年。

58. Milo C. Beach, "The Freer Gallery of Art", Orientations Vol.24,May,1993.

图82. 左：黑釉剔花卷草纹玉壶春瓶 绥德县薛家峁乡杨家沟出土
右：黑釉剔花卷草纹嘟噜瓶 绥德县马川乡梁家街出土

图83. 左：白地黑花"至元十三年"款梅瓶 宝光艺术藏
中：黑釉刻划花卉纹梅瓶 杨永德伉俪藏
右：黑釉刻划牡丹花纹梅瓶 杨永德伉俪藏

图84.黑釉划花卷草纹嘟噜瓶
杨永德伉俪藏

图85.黑釉划花标本 兴县窑遗址采集

岁办官课"的内容，记述的是元朝当时发生的事，是可信的。

其次，大英博物馆藏"大德九年"铭黑釉剔划花婴戏纹嘟噜瓶，为此类瓷器的断代提供了准确、可靠的依据（图80左）。

第三，深圳宝光艺术藏一件"至元十三年"白地黑花梅瓶，为吕梁地区同类造型的黑釉剔划花梅瓶，提供了重要断代标尺（图83左）。

第四，吕梁地区出土的黑釉剔花玉壶春瓶，除造型风格上与元代景德镇、耀州窑生产玉壶春瓶完全一致外，另有至正元年黑釉玉壶春瓶（图78右）亦可作为重要的断代依据[58]。

第五，吕梁地区的黑釉，除剔划花品种外，同时流行铁锈花装饰，特别是鸟形花图案（图81）。这种鸟形花装饰，见于山西吕梁地区兴县红峪村元至大二年墓壁画中描绘的瓷器上（图42左），据此可知鸟形花是元代吕梁地区瓷器装饰流行题材。因吕梁地区的黑釉剔花和铁锈花明显属同时期不同装饰的产品，故鸟形花装饰年代的确认，也可为吕梁黑釉剔划花瓷器年代的判定，提供重要旁证。

第六，杨永德夫妇藏一件吕梁风格的黑釉剔花鸡心罐（图76下），其造型见于吕梁地区兴县红峪村元至大二年墓壁画备茶图中（图37）。据此可知鸡心罐是元代流行的茶罐式样。

玄色之美—中国历代黑釉瓷器珍品

主办单位：
深圳博物馆
深圳市文物管理办公室
深圳市文物考古鉴定所

协办单位：
山西博物院　内蒙古博物院　广东省博物馆
景德镇陶瓷考古研究所　婺源博物馆
高梧楼　暂得斋　红苒精舍　乐道堂
宝光艺术　上海世华艺术馆

顾　　问：刘新园　刘　涛　任志录
策 展 人：郭学雷
策展助理：李维学　黄阳兴
展览设计：李维学　穆建伟　黄阳兴　王晓春
展览后援：黄阳兴　利国显　喻　珊　刘大川　董　杰　王晓春
展览时间：2011.12.16～2012.3.3
展览地点：深圳博物馆（深南中路同心路6号）

图录编辑

顾　　问：刘新园　刘　涛　任志录
主　　编：郭学雷
编　　委：李维学　黄阳兴　刘大川　董　杰　喻　珊
图录摄影：黄诗金
文字撰写：郭学雷　黄阳兴　刘大川
校　　对：黄阳兴　刘大川　董　杰　喻　珊

责任印制：陈　杰
责任编辑：张广然
再版编辑：周燕林

图书在版编目（CIP）数据

　　玄色之美：中国历代黑釉瓷器珍品 / 深圳博物馆，
深圳市文物管理办公室，深圳市文物考古鉴定所编. --
北京：文物出版社，2012.2（2015.8重印）
　　ISBN 978-7-5010-3403-1

　　Ⅰ. ①玄… Ⅱ. ①深… ②深… ③深… Ⅲ. ①瓷器
（考古）－中国－图录 Ⅳ. ①K876.32

　　中国版本图书馆CIP数据核字(2012)第012981号

玄色之美——中国历代黑釉瓷器珍品

编　　者：深圳博物馆　深圳市文物管理办公室　深圳市文物考古鉴定所
出版发行：文物出版社
社　　址：北京市东直门内北小街2号楼
网　　址：http://www.wenwu.com
邮　　箱：web@wenwu.com
经　　销：新华书店
印　　制：文物出版社印刷厂
开　　本：889×1194 毫米　1/16
印　　张：14.5
版　　次：2012年2月第1版
印　　次：2015年8月第2次印刷
书　　号：ISBN 978-7-5010-3403-1
定　　价：240.00元